알아두면 매우 유용한,

쉽게 풀어쓴 Q&A 방식의

형사소송 입문

한영수 · 최영승 공저

형사사건

고소와 고발

입건과 수사

체포와 구속

형사재판

형사합의

형의 집행

전과기록

세창출판사

| 머 리 말 |

2009년 3월부터 로스쿨(법학전문대학원)제도가 우리나라에서도 시행된다. 대학의 학부과정에서 법학을 전공하지 아니한 사람도 로스쿨에 입학하여 법률가가 될 수 있다. 이 책은 이처럼 로스쿨 진학을 앞둔 비법학 전공자를 위하여 Q&A방식으로 서술한 형사소송 입문서이다.

로스쿨에서는 강의 위주의 기존의 학부수업을 탈피하여 '문답식 수업'이 많이 진행되므로 이러한 Q&A방식의 입문서는 유용한 학습도구가 될 수 있다. 두껍고 난해한 형사소송법 교과서를 공부하기 전에 먼저 우리나라 형사절차 전반에 걸친 이해가 필요한데, 이 책은 짧은 시간 안에 우리나라 형사절차를 전반적으로 이해할 수 있도록 도와줄 것이다. 2007년 4월 30일 국회본회의를 통과한 개정 형사소송법이 2008년 1월 1일부터 시행되므로 개정된 주요 내용도 이 책에 모두 반영하였다.

그 동안 우리는 대학에서 형법 및 형사소송법을 강의하면서 보다 실생활에 도움이 되는 법률교재의 필요성을 느껴 왔다. 형사사건은 무엇이며, 형사소송이 과연 어떻게 전개되는지 누구나 쉽게 알 수 있도록 도와줄 입문서가 필요하다고 생각해 왔다. 그래서 이 책은 단지 로스쿨 진학을 앞둔 학생들뿐만 아니라, 대학에서 '생활과 법률'이나 '법학개론' 과목을 수강하는 학생, 진급시험을 앞둔 경찰, 법조계 종사자, 이러한 직역에 진출하고자 준비하는 수험생, 형사소송에 관심이 있는 일반인 모두를 위하여 출간하였다. 특히 이 책을 읽는 독자의 입장에서 "만일 내가 형사사건에 연루되면 어떻게 해야 하는가"라는 질문을 끊임없이 던지면서 서술하였다. 따라서 이 책은 법학을 전공하지 않는 사람도 알아두면 매우 유용한 형사소송 입문서가 될 것이다.

2007년 9월

공 저 자

| 차 례 |

2. 고소와 고발 21

4. 체포와 구속 83

6. 형사합의 143

7. 형의 집행 160

8. 전과기록 182

1

형사사건

빌린 돈을 갚지 않으면 무조건 처벌받는가?

☞ 고의로 돈을 떼어먹으려고 한 경우에만 사기죄로 형사처벌을 받게 되고, 단지 돈이 없어 못 갚고 있는 경우라면 민사적인 채권채무관계에 해당하여 처벌받지 않는다.

형사와 민사는 구별하여야

사기죄로 경찰서나 검찰청에 고소를 한다 하더라도 민사문제라고 하여 무혐의처리를 하는 경우가 많다. 대개 3건 중 1건 꼴로 그렇다. 피해자의 입장에서 범죄가 된다고 생각하고 고소를 하였지만 실상은 형사와 민사의 의미를 정확히 구분하지 못한 데서 나온 결과다. 금전을 차용한 후 갚지 못한다고 하여 모두 사기죄(즉 형사사건)가 되는 것은 아니다. 돈을 차용하게 되면 우선 두 사람 간에 채권채무관계가 발생한다. 이것은 개인 상호간의 합의에 의하여 발생한 문제로서 국가형벌권이 개입할 수 없는 전형적인 민사사건이다.

사기죄가 성립되려면

만일 채무자가 돈을 갚지 못한 이유가 돈을 차용할 당시부터 떼어먹을 생각이었다면, 이것은 의도적인 것이기 때문에(즉 '고의'가 있는 것으로 보아) 범죄행위인 사기죄가 된다. 그러나 고의는 사람의 의식 속에 내재되어 있기 때문에 이를 확인하기가 쉽지 않다. 그래서 수사기관 등에서는 돈을 차용할 당시 '갚을 능력이 있었는지의 여부'에 따라 범죄고의를 추정하고 있다. 즉 갚을 능력이 없는 상태에서 금전을 차용한 경우 사기의 고의가 있다고 보는 것이다. 수사과정에서 사기죄의 고의가 없는 것으로 밝혀지면 개인 상호간의 약속(계약)의 문제로 보아 '혐의 없음' 처분을 받게 된다. 대개 이 경우 경찰관이나 검사는 민사소송에 의하여 해결하라고 권유하기 쉽다.

사후의 사정으로도 사기죄가 성립될 수 있어

금전거래관계에서 처음부터 돈을 떼어먹을 작정을 하고서 돈을 차용하는 사람은 그리 많지 않다. 문제는 차용한 이후의 사정으로 돈을 갚지 못하는 경우이다. 이 경우 사기죄로 처벌하기는 쉽지 않다. 그러나 주소를 옮겨 다니고, 핸드폰 번호를 자주 바꾸는 등의 방법을 이용하여 일부러 피한다는 사정이 인정되면 사기죄가 성립될 수도 있다.

왜 사소한 몸싸움을 했는데도 병원에서 전치 2주의 상해 진단이 나올 수 있는가?

☞ 의사와 서로 짜지 않더라도 사소한 몸싸움에도 상해 2주 정도는 나오는 것이 보통이다. 상해는 반드시 겉으로 드러나는 외상만을 의미하는 것은 아니기 때문이다.

상해란

상해의 일반적인 의미는 상처를 내어 해를 입히는 것을 말한다. 싸움할 때 피가 흐르거나 팔에 상처를 입는 것 등이다. 폭행과 상해의 차이는 폭행은 상처가 나지 않는 것이고, 상해는 상처가 나는 것으로 이해하면 쉽다.

법적 의미의 상해

그러나 상해는 이와 같이 반드시 겉으로 드러나는 상처가 꼭 있어야 하는 것은 아니다. 법적 의미의 상해는 건강이나 신체의 생리적 기능을 훼손하는 것을 말한다. 그러한 의미에서 상처를 입히는 것 외에도 불면증이나 신경쇠약에 걸리게 하는 것, 구토나 설사를 유발하는 것 등을 모두 상해라고 할 수 있다.

상해는 겉으로 보는 것과 달라

주위에서 흔히 볼 수 있는 멱살잡이를 가정해보면, 서로 멱살을 잡고 밀고 당기는 과정에서도 신체에 생리적 기능 장애를 유발시킬 수 있다. 이것이 겉으로 보기에는 멀쩡한데도 병원에만 가면 2주 정도의 상해진단이 나오게 되는 이유이기도 하다. 상해진단은 붉은 반점 정도의 사소한 결과만 있어도 기본적으로 2주 정도는 나올 수 있음을 알아야 한다. 가능하면 사소한 몸싸움이라도 하지 않는 것이 법정시비에 휘말리지 않는 방법이다.

피해자가 최초의 상해진단서에 이어 추가로 상해진단서를 발급받아 수사기관에 제출하는 경우가 많은데 어떤 효과가 있는가?

☞ 추가로 발급받아 제출하는 상해진단서는 인정받지 못할 가능성이 높다.

추가진단서를 발급·제출하는 이유

의료기관이 발부한 상해진단서는 수사기관이 상해의 정도를 가늠하고 형의 양을 결정하는 중요한 기준으로 작용한다. 그러다 보니 범죄의 피해자라고 생각하는 사람들은 상해진단서를 발부받아 제출하는 것이 일반화되었고, 추가상해진단서를 발급받아 제출하는 경우도 종종 볼 수 있다. 추가진단서를 제출하는 이유는 피해상황을 크게 함으로써 상대방을 심리적으로 압박하여 조금이라도 더 많은 합의금을 받아 내거나 중한 처벌을 받게 할 수 있다고 생각하기 때문이다.

추가진단서에 대한 신빙성은 그리 높지 않아

만일 2주의 상해진단이 나왔다면 이 기간이 지난 후에도 처음 상해진단서 발급병원이 아닌 다른 병원에서 다시 진단하면 역시 추가상해진단이 나올 가능성이 많다. 상해진단서는 대개 피해자의 말에 의존하여 작성되는 경우가 많고, 그 경우에도 어느 정도의 상해 흔적이 남는 경우가 있기 때문이다. 그러나 수사기관이나 법원은 최초로 피해를 입은 직후에 피해자가 발급받은 상해진단서를 더 신뢰하고 이를 바탕으로 피해상황을 예정하는 것이 보통이다. 범죄 직후의 상해진단서 내용에는 이미 정상적인 치료기간을 예정하고 있는 경우가 많기 때문이다.

사실을 있는 그대로 말해도 명예훼손이 될 수 있는가?

☞ 명예훼손죄는 말의 진위에 따라 범죄성립 여부가 결정되는 것은 아니다. 진실한 사실을 말한 경우라 할지라도 명예훼손죄가 성립될 수 있다.

명예훼손죄는 피해자의 명예가 훼손되면 성립

명예훼손죄는 피해자의 명예가 훼손되면 성립되며, 그 사실이 진실하다고 해서 명예훼손죄가 성립되지 않는 것은 아니다. 진실한 사실이라도 피해자의 입장에서는 자신의 사회적·인격적 가치의 훼손을 염려하여 타인에게 드러내고 싶지 않은 부분이 있기 때문이다. 따라서 여러 사람이 모인 장소에서 실제로 사기전과 3범인 A를 대상으로 "A는 사기전과 3범이니 금전 거래를 할 때 조심하라"고 말하거나, 혹은 실제로 유부녀와 간통한 B를 대상으로 하여 "B는 유부녀와 간통한 부정한 사람이다"라고 하였다면, 그 내용이 비록 진실일지라도 A 및 B에 대한 명예훼손죄가 성립한다. 주변에서 이러한 말을 쉽게 하는 사람을 종종 볼 수 있는데 이는 곧, 명예훼손이 될 수 있음을 유의하여야 한다.[1]

그 내용이 진실인가 허위인가에 따라 처벌의 차이는 있어

진실한 사실을 말하여 처벌받는 경우와 허위사실을 말하여

---

1) 명예훼손죄와 모욕죄를 구분할 필요가 있다. 명예훼손죄와 모욕죄는 모두 사람의 명예를 보호하는 죄형법규라는 점에서는 유사하다. 그러나 명예훼손죄는 어떤 사실을 구체적으로 지적하여 드러냄으로써 타인의 명예를 훼손하는 데 반하여, 모욕죄는 추상적 가치판단이나 경멸적 언행으로 타인의 명예를 훼손한다는 점에서 차이가 있다. 흔히 듣게 되는 '미친놈', '개새끼' 등의 욕설은 모욕죄의 전형적인 예이다.

처벌받는 경우를 비교하면, 허위사실을 적시한 경우가 훨씬 중하게 처벌받게 된다. 즉, 진실한 사실을 말하여 명예훼손을 한 경우는 2년 이하의 징역이나 금고 또는 500만원 이하의 벌금에 처하고, 허위의 사실을 말하여 명예훼손을 한 경우는 5년 이하의 징역, 10년 이하의 자격정지 또는 1천만원 이하의 벌금에 처한다. 적시한 사실이 진실인 경우보다 허위인 경우가 훨씬 더 피해자의 명예를 훼손하기 때문이다.

명예훼손죄가 성립하지 않는 경우

진실한 사실을 드러냄으로써 타인의 명예를 훼손한 경우라도 '그 행위가 진실한 사실로서 오로지 공공의 이익에 관한 때'에는 처벌하지 않게 되어 있다. 이는 공공의 이익, 즉 국민의 알 권리를 고려한 제도다. 공공의 이익에 관련된 것인지의 여부는 명예훼손사실의 내용과 성질, 공표가 이루어진 상대방의 범위, 그 표현의 방법, 그 표현에 의하여 훼손되는 명예의 침해정도 등을 고려하여 객관적으로 결정된다. 예를 들어 국립대교수가 자신의 연구실에서 제자인 여학생을 추행하였다는 내용의 글을 지역여성단체가 자신의 인터넷홈페이지 게시판 또는 소식지에 게재한 경우에 있어서 학내 성폭력 사건의 철저한 진상조사와 처벌 그리고 학내 성폭력의 근절을 위한 대책마련을 촉구하기 위한 목적으로 공공의 이익을 위한 것으로서 비방의 목적이 있다고 단정할 수 없다고 보고 명예훼손죄의 성립을 부인한 판례(대법원 2005.4.29. 선고, 2003도2137 판결)도 있다.

고소했는데, 검찰에서 무혐의처분으로 사건을 종결하면 무조건 무고죄가 되는가?

☞ 무혐의처분으로 사건이 종결되었다고 하여 당연히 무고죄가 되는 것은 아니다. 무고죄는 허위사실에 대한 고의가 있어야 한다.

고소사건에서 무혐의처분의 의미

검찰의 무혐의처분은 고소사건에서 자주 나타나기도 한다. '무혐의'라는 것은 '혐의 없음'을 뜻하는 것으로서 범죄가 인정되지 아니하거나 범죄를 인정할 만한 충분한 증거가 없을 때 내리는 검사의 불기소처분의 일종이다. 따라서 고소사건에서는 고소인의 고소내용이 인정되지 아니하거나 고소내용을 인정할 만한 증거가 불충분할 때 무혐의처분으로 사건을 종결하는 것을 말한다. 다만, 전자의 경우는 혐의없음(범죄인정안됨), 후자의 경우는 혐의없음(증거불충분)의 주문으로 사건을 처리한다.

무혐의처분을 했다고 해서 반드시 무고죄가 성립되지는 않아

일반적으로 고소사건이 무혐의로 종결되면 고소인은 무고죄로 처벌받는다고 생각하는 경향이 있다. 그러나 반드시 무고죄가 성립하는 것은 아니다. 어떤 행위가 범죄로 인정되어 처벌받기 위해서는 그 범죄에 대한 행위자의 고의가 있어야 한다. 예를 들어 고소사건이 무혐의로 종결되더라도, 고소인이 처음부터 사실을 잘 모르고 고소하는 경우(사실오인)가 있고, 법률을 잘 몰라 고소하는 경우(법리오해)도 있다. 이러한 경우에는 고소인에게 고의를 인정할 수 없으므로 무고죄로 처벌받지 않게 된다. 그러므로 허위사실을 진실한 사실로 오인하고 고소한 경우에는 무고의 고의가 없어 처벌할 수 없다.

검찰이 무혐의로 고소사건을 종결할 때에는 반드시 무고혐의를 판단하여야

고소사건에서 검사가 무혐의처분을 내린 경우 반드시 무고죄의 성립여부를 판단하도록 하고 있다. 따라서 피고소인이 무혐의 처분을 받았다고 하여 고소인에 대하여 무고죄로 고소할 필요는 없다. 검사가 무혐의로 사건을 종결하게 되면, 고소인에 대한 무고혐의를 판단해야 하기 때문에 이 과정에서 무고혐의를 수사하기 때문이다.

비리사실을 폭로하겠다며 거액의 돈을 요구하는데, 어떻게 해야 하는가?

☞ 이는 전형적인 공갈수법으로 피해자의 말 못하는 사정을 교묘하게 이용하는 관계로 합의가 쉽게 이루어지기 힘들다. 따라서 차라리 수사기관에 신고하여 해결하는 편이 낫다.

폭로에 취약한 사회적 분위기

우리는 주위에서 누군가의 비리사실을 폭로하겠다며 거액의 돈을 요구하다 경찰에 덜미를 잡히는 사례를 종종 볼 수 있다. 불륜사실을 배우자에게 알리겠다든지 아니면 공무원을 상대로 뇌물을 받은 사실을 폭로하겠다는 식으로 공갈을 하여 돈이나 대가를 요구하는 경우가 그 예라고 할 수 있다.

전형적인 공갈수법에 해당

이러한 경우가 전형적인 공갈에 해당한다. 공갈이란 폭행이나 협박을 수단으로 사람에게 공포심을 일으키는 것을 말한다. 그리고 이러한 피해자의 상태를 이용하여 재물을 교부받거나 재산상의 이익을 취득하면 공갈죄가 된다. 즉 비리사실을 폭로하겠다며 협박하여 돈을 뜯어내려고 하거나 대가를 요구하는 경우에는 명백히 공갈죄에 해당한다.

수사기관에 신고하는 것이 더 나은 해결책일 수 있어

공갈행위의 대상사실은 대개 범죄행위에 해당하는 경우가 많지만, 범죄행위가 아니더라도 해당 사실이 밝혀질 경우 엄청난 정신적·물적 손해가 수반되는 경우도 적지 않다. 이러한 공갈대상의 특성으로 인하여 피해자는 드러내놓고 공갈행위자를 처벌해 달라고 신고할 수 없는 경우가 많다. 공갈행위자도 이 점을 교묘히 이용하여 끊임없이 협박하고 거액의 금전이나 무리한 요구를 한다. 이렇듯 공갈자의 무리한 요구에 응하기보다는 차라리 수사기관에 신고하는 것이 더 나은 해결책일 수 있다. 물론 이 경우 자신의 비리사실에 대하여는 책임질 각오를 해야 하지만, 실제로는 수사기관에 신고하는 과정에서 의외로 문제가 쉽게 끝나기도 한다는 점을 알아둘 필요가 있다.

매매대금을 주지 않으면 매수인의 승낙을 받지 않고 매도물건을 다시 가져와도 되는가?

☞ 매매계약에 따라 점유이전이 이루어진 물건의 소유권은 매수인에게 넘어가므로 매수인이 점유하는 매도물건을 임의로 가져온 것은 매수인의 점유를 침해한 것이 되어 절도죄로 처벌받을 수 있다.

매매행위로 인해 매수인이 물건의 소유자가 되어

매매행위로 인해 매도물건의 점유가 이전되면, 매매대금이 지급되었는지 여부를 불문하고 그에 따른 법적 효력이 뒤따른다. 즉 적법하게 매매계약이 이루어진 이상 대금의 지급여부와 관계없이 매수인은 물건에 대한 정당한 소유자가 된다. 만일 상대방의 기망행위에 의하여 계약이 이루어진 경우라면 사기죄가 성립될 수 있으나, 매매행위에 대한 취소가 있기 전까지는 계약의 효력은 그대로 유지된다. 물론 처음부터 매매행위 자체가 무효인 경우라면 매매계약의 법적 효력이 인정되지 않으므로 소유관계가 부인될 수 있다.

타인의 물건을 임의로 가져가면 절도죄에 해당

타인이 점유하고 있는 물건을 아무 승낙도 받지 않고 가져가는 것은 절도죄에 해당한다. 즉 매매계약 후 물건 값을 갚지 않고 있다는 이유로 이미 매도하여 매수인의 수중에 있는 물건을 임의로 다시 가져오면 절도죄가 성립한다. 매매계약이 있었다면 매수인은 물건에 대한 정당한 권리자가 되므로 비록 매도인이 물건대금 채권을 확보하기 위하여 물건을 다시 가져왔다고 하더라도 절도죄를 면하기 어렵다. 이 경우 매도물건의 대금은 민사소송을 제기하는 방법으로 해결하여야 한다.

다만 처벌에 있어서 정상참작을 받을 여지는 있어

이와 같은 경우 악질적인 매도인이 아니거나 혹은 계약이행에 있어서 매수인에게 문제가 있다면 절도죄가 성립된다고 하더라도 실제 처벌에 있어서는 정상참작의 여지가 있다. 그렇지만 법은 극히 예외적인 경우를 제외하고는 자력구제를 허용하지 않고 있음을 알아야 한다.

친구가 맡겨놓은 신용카드를 그 친구 몰래 현금자동지급기에 넣고 미리 알아둔 비밀번호를 입력하여 30만원의 현금을 인출하였다면 절도죄에 해당하는가?

☞ 예금주인 카드소유자의 승낙이 없다면, 현금자동지급기 관리자의 의사에 반한 절취행위로서 절도죄에 해당한다.

절도죄가 성립하려면 절취물건의 소유권을 현실적으로 침해해야

절도죄가 성립하기 위해서는 '타인의 재물을 절취'해야 한다. 그런데 여기서 '절취'란 '점유자(소유자)의 의사에 반하여 재물에 대한 그의 점유를 배제'하는 것을 말한다. 현금자동지급기에서 현금을 인출하는 행위가 이와 같은 절취행위에 해당하는지 여부는 결국 현금자동지급기 안의 현금 점유자의 의사에 반하여 현금에 대한 그의 점유를 배제한 것인지 여부에 달려 있다.

현금자동지급기 안의 현금은 현금자동지급기를 관리하는 금융기관의 것으로 보아야

현금카드 소유자인 예금주는 거래은행과의 약정에 따른 예금인출한도 내에서 현금자동지급기 안의 현금을 인출할 수 있는 채권을 지니고 있을 뿐이다. 즉 현금자동지급기 속에 들어있는 현금의 점유자는 현금자동지급기를 관리하는 금융기관으로 보아야 한다. 그러므로 절도죄가 성립하려면 현금자동지급기 관리자의 의사에 반하는 점유취득이 있어야 한다.

현금자동지급기의 기계적 특성

종래까지 은행창구에서 은행직원을 통하여 이루어지던 예금

인출의 상당부분이 지금은 현금자동지급기를 통하여 행해지고 있다. 예금주가 현금자동지급기에 전자기록으로 정보가 수록된 현금카드를 삽입한 후에 비밀번호와 인출하고자 하는 금액을 입력하면 현금자동지급기가 온라인을 통해 인출가능 여부를 확인한 다음 예금이 자동으로 인출되는 시스템이다. 현금자동지급기는 은행과 예금자 간의 약정에 따라 예금자가 비밀번호 등의 정보를 입력하면 일정한 컴퓨터프로그램에 따라 그 정보를 자동으로 처리한다. 즉 현금자동지급기에 삽입된 현금카드와 입력된 비밀번호가 정확하기만 하면, 현금카드의 사용자가 누구이든지 인출 가능한 한도 내에서 예금이 인출되는 특성을 지니고 있다.

현금자동지급기 관리자의 의사를 확인하기 어려워

이러한 기계적 특성으로 인하여 현금자동지급기 관리자의 의사를 확인하기 어렵다는 문제점이 있다. 사용가능한 현금카드의 삽입과 정확한 비밀번호의 입력이 있으면, 현금자동지급기는 기계적으로 이에 반응하여 지급 가능한 범위 내에서 현금카드 소지인이 요청한 금액을 자동으로 지급할 뿐이다. 단지 현금카드의 유효성과 비밀번호의 일치 여부에 대한 기계적 검사만을 하며, 현금카드 소지인의 카드취득의 적법성 여부나 카드사용에 대한 카드소유자의 승낙유무 등을 심사하지는 않는다.

판례는 절도죄의 성립을 인정하고 있어

대법원은 신용카드를 사용하여 현금자동지급기에서 예금을 인출한 행위는 예금주인 카드소유자의 승낙이 없다면 현금자동지급기 관리자의 의사에 반한 절취행위로 보고 절도죄의 성립을 인정하고 있다(대법원 2007.5.10. 선고, 2007도1375 판결).

새벽 2시가 넘었음에도 불구하고 아래층에 살고 있는 사람이 너무 시끄럽게 하여 항의하러 그 집에 들어간 경우 주거침입죄에 해당하는가?

☞ 조용히 하여 달라고 항의하러 이웃집에 들어간 행위는 사회통념에 비추어 볼 때 용인될 수 있는 정당행위에 해당하여 주거침입죄가 성립하지 않는다.

주거침입죄와 퇴거불응죄는

주거침입죄는 타인의 주거의 평온을 침해하는 범죄다. 즉 주거침입죄는 타인이 거주하는 곳에 무단으로 침입하면 성립한다. 퇴거불응죄는 합법적으로 타인의 주거에 들어간 자가 주인의 퇴거요구에 불응하면 성립한다. 주거의 자유는 헌법상의 기본권으로서 모든 국민은 주거의 자유를 침해받지 않게 되어 있다.

남의 집에 허락 없이 들어간 행위는 주거침입에 해당

아래층에 살고 있는 이웃집에 마음대로 들어간 행위는 원칙적으로 주거침입에 해당한다. 또한 자기 집에서 나가달라는 퇴거요구를 받고도 계속 그 집에 머물렀다면 퇴거불응행위에 해당한다.

그러나 주거침입과 퇴거불응이 정당한 행위라면 처벌되지 않아

형법상의 범죄에 해당하더라도 위법하지 않는 경우에는 처벌하지 아니한다. 예를 들어 정당방위나 정당행위라면 위법성이 조각(배제)된다. 새벽 2시가 넘은 시간에 아래층에서 시끄럽게 하여 항의하러 아래층 집에 들어간 행위나 집에서 나가달라는 퇴거요구에 바로 응하지 않은 행위는 사회윤리나 사회통념에 비추어 용인될 수 있는 행위로서 정당행위에 해당한다는 판례(대법원 2007.7.13 선고, 2007도2350 판결)가 있다. 따라서 한밤중에 소란을 피우고 있는 이웃집에 조용히 하라고 말하기 위해 들어간 행위는 정당한 행위로서 주거침입죄로 처벌할 수 없다.

부부간의 사소한 말다툼 끝에 남편이 아내를 구타한 경우에도 처벌을 받는가?

☞ 배우자에 대한 폭력행사는 아주 중한 경우가 아니라면 가정보호사건이 되어 형사처분이 아닌, 보호처분이 우선 부과되기 쉽다.

부부간의 폭력행사는 가정폭력사건에 해당

'가정폭력'에 대해서는 형법에 앞서 「가정폭력범죄의 처벌 등에 관한 특례법」이 우선 적용된다. '가정폭력'이란 '가정구성원' 사이의 신체적, 정신적, 경제적 피해를 수반하는 행위를 말한다. 가정구성원은 주로 배우자이거나 배우자관계에 있었던 자, 자기 또는 배우자의 직계존비속 관계이거나 그러한 관계에 있었던 자를 말한다. 따라서 배우자에 대한 폭력행사는 가정폭력사건에 해당하며, 위 특례법의 적용을 받는다.

가정폭력사건은 가정보호사건으로 처리

검사는 가정폭력사건이 발생하면 사건의 성질·동기 및 결과, 행위자의 성행 등을 종합적으로 고려하여 가정보호사건으로의 송치 여부를 결정하도록 되어 있다. 아주 중대한 형사범죄가 아닌 이상, 가정폭력사건은 가정보호사건으로 처리한다. 가정보호사건은 형사법원이 아닌, 가정법원(가정법원이 설치되지 아니한 지역에서는 지방법원)이 관할한다.

가정폭력사범에 대해서는 접근금지명령과 같은 임시조치를 취할 수도 있어

검사는 가정폭력범죄가 재발될 우려가 있다고 인정하는 때에는 법원에 피해자 또는 가정구성원의 주거 또는 점유하는 방실로부터의 퇴거명령, 집이나 직장 등에서 100미터 이내의 접근금지명령 또는 전기통신을 이용한 접근금지명령을 내릴 수 있다. 그리고 이러한 임시조치의 실효성을 높이기 위해서 퇴거명령이나 접근금지명령 등의 임시조치를 위반하여 가정폭력범죄가 재발될 우려가 있는 때에는 경찰서 유치장이나 구치소에 유치하는 강력한 임시조치를 취할 수 있게 하였다.

가정보호처분으로는

가정법원(지방법원)의 판사는 보호처분이 필요하다고 인정한 때에는 1) 접근행위의 금지, 2) 전기통신을 이용한 접근금지, 3) 친권자의 친권행사 제한, 4) 사회봉사명령·수강명령, 5) 보호관찰, 6) 보호시설에의 감호위탁, 7) 의료기관에의 치료위탁, 8) 상담소 등에의 상담위탁 등의 보호처분을 부과할 수 있다.

술을 몇 잔까지 마시고 운전하면 음주운전에 걸리지 않을까?

☞ 혈중알코올농도가 0.05% 이상이면 음주운전에 해당하는데, 일반적으로 소주 1.5잔, 맥주 2잔 이상 마시면 혈중알코올농도가 0.05% 이상 나온다고 한다. 그러나 알코올의 인체 흡수 및 분해속도는 사람마다 다르기 때문에 일률적으로 말할 수 없다.

혈중알코올농도가 0.05% 이상이면 음주운전에 해당

도로교통법과 그 시행령에 따르면, 혈중알코올농도가 0.05% 이상이면 '술에 취한 상태'로 보고, 이런 상태로 차량을 운전하는 것을 일률적으로 금지하고 있다. 그러나 음주운전의 기준이 되는 혈중알코올농도는 나라마다 각각 다르다. 예를 들어 0.08%, 0.05%, 0.02%, 0.0% 등 음주운전의 기준이 되는 혈중알코올농도는 서로 다르다. 이처럼 국가별로 음주운전의 기준이 서로 다른 이유는 술을 마심으로써 인체에 흡수되는 알코올의 양이 구체적으로 어느 정도가 되면 운전자의 운전능력의 약화를 초래하는지 정확하게 알 수 없다는 데에서 그 원인을 찾을 수 있다. 특히 술을 마시는 사람의 신체조건이나 평소의 음주량 및 건강상태에 따라 알코올이 신체에 미치는 영향이 각각 다르기 때문이다. 그러나 사람마다 정도의 차이는 있을지라도 음주를 통해 신체(대뇌)에 흡수된 알코올이 운전능력(판단력, 운동신경, 지각능력 등)을 저하시킨다는 사실은 분명하다. 바로 그 위험성 때문에 일정한 양 이상의 술을 마시면 음주운전으로 처벌하고 있는 것이다.

혈중알코올농도의 경중에 따라 여러 가지 제재가 수반

측정된 혈중알코올농도는 단순히 음주운전죄의 성립여부를 가늠해주는 역할만 수행하는 것은 아니다. 혈중알코올농도의 경중에 따라 구속영장 신청(청구)여부가 결정되고, 면허정지 또는 면허취소와 같은 행정제재의 종류와 내용이 달라진다. 예를 들어 혈중알코올농도가 0.05% 이상 0.1% 미만일 때 단순음주운전이나 대물사고를 낸 경우에는 형사입건이 되고 면허정지 100일 정도의 행정처분이 부과되기 쉽고, 대인사고를 낸 경우에는 형사입건과 함께 면허취소가 뒤따르는 것이 보통이다. 혈중알코올농도가 0.1% 이상이면 형사입건과 함께 면허취소처분이 행해진다. 혈중알코올농도가 0.36% 이상이면 사고유무(경중)를 불문하고 구속되기 쉽고, 0.36% 미만이라도 3회 이상 음주운전으로 입건된 사실이 있는 때는 역시 구속가능성이 높다(이른바 '음주운전삼진아웃제'). 또한 높은 수치의 혈중알코올농도는 형사재판(특히 양형)과정에서도 불리하게 작용한다.

혈중알코올농도는 인체에 흡수된 알코올의 농도를 측정하는 것

혈중알코올농도는 인체에 흡수된 알코올의 농도를 측정하는 것이다. 정확한 혈중알코올농도를 측정하기 위해서는 피검사자의 폐 속 깊숙한 곳에서 호흡된 공기를 측정하여야 한다. 내쉬는 숨 속에 들어 있는 알코올은 장에서 흡수되어 혈액으로 들어간 것의 일부로서 폐 속에서 들이마신 공기와 폐동맥이 접촉하는 동안 혈액에 녹아있던 알코올이 공기로 빠져 나오는 것을 측정해야 하기 때문이다. 따라서 측정하기 직전에 술을 마신 사람은 먼저 입안에 남아 있는 알코올이나 위에서 토해진 공기를 측정하게 되므로 실제의 혈중알코올농도보다 높은 수치가 나올 가능성이 높다. 이러한 경우에는 약 15분 정도 기다렸다가 물로 입안을 헹구게 한 다음에 재측정을 해야 한다. 사전에 피검사자로 하여금 물로 입을 헹구게 하는 등 구강내의 잔류 알코올로 인한 과다측정을 방지하기 위한 조치를 전혀 취하지 않은 상태에서 음주측정을 한 결과에 대해서는 증거로 인정하지 않은 판례(대법원 2006.5.26. 선고, 2005도7528 판결)도 있다. 그러나 음주측정 자체를 거부하면 음주측정불응죄로 음주운전과 동일하게 처벌받을 수 있음을 유의해야 한다.

알코올의 흡수 및 분해속도는 사람마다 서로 틀려

일반적으로 소주 1.5잔, 맥주 2잔 이상 마시면 혈중알코올농도가 0.05% 이상 나온다고 말하고 있으나, 알코올의 흡수와 분해속도는 사람마다 다르기 때문에 일률적으로 말할 수 없다. 혈중알코올농도는 위와 장에서의 흡수과정을 거치면서 증가하고, 동시에 간에서 분해되기 시작하면서 감소한다. 즉, 혈중알코올농도는 술을 마신 후 알코올이 흡수되면서 일정시점(대체로 1시간 전후)까지는 급격히 증가하여 최고점을 이루다가 그 후 흡수되는 알코올의 양보다 분해되는 양이 많아지면 천천히 감소한다. 간에서의 알코올 분해속도도 개인에 따라 차이가 크다. 예를 들어 평소에 술을 자주 마시는 사람은 비음주자에 비해 알코올 분해속도가 훨씬 빠르다고 한다. 또한 혈중알코올농도는 혈액 속에 함유되어 있는 알코올의 농도이므로 인체 내의 수분의 비율과 밀접한 관련을 맺고 있다. 즉, 뼈나 지방은 알코올을 함유하지 않기 때문에 혈중알코올농도는 기본적으로 '몸에 있는 모든 알코올의 양'을 '몸에 있는 모든 수분의 양'으로 나눈 수치와 비례관계에 있다. 몸에 지방이 적은 사람이 지방이 많은 사람보다 수분비율이 높다. 대개의 경우 여자가 남자보다 지방성분이 많고 수분비율이 상대적으로 낮기 때문에 일반적으로 남자보다 여자가 동일한 양의 술을 마시더라도 혈중알코올농도가 더 높게 나올 수 있다. 이처럼 음주시점과 운전시점의 시간차이에 따라서, 알코올의 분해속도의 차이에 따라서, 신체조건과 건강상태에 따라서 혈중알코올농도는 다를 수 있으므로 정확하게 "술을 몇 잔까지 마시고 운전해도 좋다"라고 일반화시켜 말할 수 없다.

상습절도는 형법위반이 아닌 특가법위반이라고 말하는데, 도대체 특가법이란 무슨 법인가?

☞ 특가법이란 「특정범죄 가중처벌 등에 관한 법률」의 약칭이며, 형법상

의 특정범죄와 관세법 · 조세범처벌법 · 산림자원법 · 마약류관리법 위반사범에 대한 가중처벌을 목적으로 제정된 특별형법이다.

형법전과 특별형법의 구별

범죄요건과 형벌요건을 규율해 놓은 법률이 넓은 의미의 형법이다. 형법은 살인, 상해, 폭행, 명예훼손, 강도, 강간, 절도, 사기, 횡령, 배임, 도박, 간통, 내란, 문서위조, 방화 등의 일반적인 범죄행위에 대한 처벌규정을 두고 있는 형법전과 특정범죄에 대한 처벌규정을 따로 정해놓은 특별형법(형사특별법)으로 구분할 수 있다. 특별형법은 형법전 이외의 법률에서 형벌규정을 담고 있는 법률을 의미한다. 형법전이나 형사소송법의 규율내용을 보완하거나 대체하는 성격의 특별형법을 형사특별법이라고 구별하여 부르기도 한다.

특별형법(형사특별법)의 대표적인 예로는

특별형법의 대표적인 예를 들면, 특가법(특정범죄 가중처벌 등에 관한 법률) · 특경법(특정경제범죄 가중처벌 등에 관한 법률) · 폭처법(폭력행위 등 처벌에 관한 법률) · 성폭력특별법(성폭력범죄의 처벌 및 피해자보호 등에 관한 법률) 등이 있다. 경범죄처벌법, 교통사고처리특례법, 청소년의 성보호에 관한 법률 등도 넓은 의미의 특별형법에 속한다.

특가법은 여러 가지 형사특별법(특별형법)의 하나에 해당

'특가법'이란 「특정범죄 가중처벌 등에 관한 법률」의 약칭이다. 형법상의 특정범죄와 관세법 · 조세범처벌법 · 산림자원법 · 마약류관리법 위반사범에 대한 가중처벌을 목적으로 만든 특별형법이다. 특가법은 1965년 한일협정체결에 즈음하여 밀수, 탈세, 마약, 자본도피 등의 범죄행위를 근절하기 위하여 제정되었다. 이후 유괴사범과 도주운전사범, 상습 강·절도사범 및 누범자, 보복범죄와 특수강간죄 등에 대한 가중처벌규정을 추가하였고, 고문치사·치상죄, 세금계산서 교부의무위반죄 등을 신설하기도 하였다.

일정가액을 가중처벌의 기준으로 삼아 법정형의 하한을 달리 규정하고 있어

특가법의 특징 중 하나는 일정가액을 가중처벌의 기준으로 삼고 있다는 점이다. 즉 수뢰액수, 국고손실금액, 관세법위반대상물품가액, 조세포탈세액, 임산물의 원산지가액, 마약가액이 구체적으로 얼마인가에 따라 법정형의 하한을 '10년, 7년, 5년, 3년 또는 1년 이상의 징역'에 처할 수 있도록 각각 구분하고 있다. 예를 들어 수뢰액수가 3천만원 이상이면 5년 이상의 유기징역, 5천만원 이상이면 7년 이상의 유기징역, 1억원 이상이면 무기 또는 10년 이상의 징역에 각각 처하도록 하고 있다.

2

고소와 고발

범죄 신고는 어떻게 하는가?

☞ 가까운 경찰서 지구대, 경찰서 또는 검찰청에 신고하고, 긴급한 경우 112 신고센터에 신고한다.

일반범죄의 신고는 가까운 경찰서 지구대 등에서

일반범죄의 신고는 가까운 경찰서 지구대, 경찰서 및 검찰청에 하면 된다. 과거 파출소에서 담당했던 업무를 2003년 10월 15일부터는 경찰서 지구대에서 수행하고 있으며, 파출소는 지역 치안센터가 되어 주로 민원업무를 담당하고 있다.

긴급한 경우에는 112신고센터로

상황이 다급한 경우라면 지방경찰청과 경찰서에 설치된 112신고센터에 전화하는 방법이 있다. 112신고센터는 국번 없이 신고하더라도 현장에서 가장 가까운 곳에 있는 112 순찰차, 형사기동대 차량, 외근경찰관 등에게 무선으로 연결하여 신속하게 범죄에 대응을 하게 한다. 참고로 112신고센터는 휴대폰으로 하는 경우에도 지역번호를 입력할 필요가 없고, 공중전화로 하는 경우에는 긴급통화를 이용하면 사용료가 부과되지 않는다.

존재하지 않는 사람의 이름으로 수사기관에 진정이나 투서를 할 수 있는가?

☞ 허무인 명의의 진정서에 특별히 범죄가 될 만한 사실이 구체적으로 표시되어 있지 않다면 수사에 착수하지 않고 사건을 종결 처리한다.

허무인 명의의 투서를 제출하면

일반적으로 다른 사람을 모함하기 위하여 존재하지도 않는 사람의 성명(즉 허무인 명의)으로 수사관서에 진정이나 투서를 제출하는 경우가 더러 있다. 이는 자신의 이름이 밝혀지면 곤란한 사정에 놓이게 되거나 혹은 그 내용 자체가 허위이기 때문에 무고죄를 염려하여 그렇게 하는 경우가 종종 있다. 이러한 허무인 명의로 제출되는 진정이나 투서는 그 진위(眞僞) 여부를 확인하기 어려운 경우가 대부분이다. 왜냐하면 이러한 사실을 확인하기 위해서는 결국 진정인 또는 투서자의 도움을 받아야 하는 경우가 많기 때문이다.

수사기관은 공람종결 처분으로 처리해

수사기관은 특별히 그 진정서나 투서에 명백히 범죄혐의의 단서가 될 만한 것이 있지 않고, 특정인을 고의적으로 음해하기 위한 목적인 경우에는 수사에 착수하지 않는다. 이러한 경우 즉시 공람종결(供覽終結) 처리하도록 하고 있다. 공람종결이란 여러 사람이 돌려 본 이후에 사건을 종결하는 것을 말한다. 자신의 성명을 밝히지 않고 타인을 음해하기 위하여 진정서나 투서를 제출하는 자는 사회의 신뢰분위기를 해치게 된다. 이에 수사기관도 이를 신뢰하면서 성실하게 처리할 의무를 느끼지 않는다. 만일 그러한 허무인 명의의 진정서나 투서까지 그대로 믿고 수사기관이 철저히 수사한다면, 오히려 정상적인 수사에 지장을 초래하고 엉뚱한 피해자를 양산할 수 있기 때문이다.

진정 · 투서는 자신의 실명으로 하여야

공무원에 대하여 악의적 비방, 모함, 무고성의 허위 진정과 투서를 제출한 것으로 밝혀질 경우에는 진정인과 투서인을 무고혐의로 철저히 수사하여 엄단하고 있다. 공무원으로 하여금 소신껏 일할 수 있는 풍토를 만들기 위함이다. 그러므로 진정이나 투서는 그 내용에 신중을 기하고 자신의 실명으로 제출하여야 한다.

고소, 진정 및 탄원은 어떻게 다른가?

☞ 고소는 피해자가 가해자의 처벌을 요구하는 것이고, 진정은 기관이나 개인의 잘못을 신고하여 징계 및 시정을 요구하는 것이다. 탄원은 주로 진행 중인 사건에 대하여 선처를 호소하는 것이다.

고소는 범인의 처벌을 요구하는 것

고소는 범죄의 피해자가 수사기관에 범죄사실을 신고하여 범인의 처벌을 구하는 것이다. 고소권자는 대개 범죄의 피해자이고, 경찰 및 검찰 등의 수사관서에 대하여 범인의 처벌을 요구하는 것을 의미한다.

진정은 당사자의 처벌, 징계 및 시정을 요구하는 것

진정(陳情)은 실제 사정을 호소하여 밝히려 하는 것이다. 주로 기관이나 개인의 잘못을 수사기관이나 감사기관에 신고하여 처벌, 징계 및 개선을 구하는 데 목적이 있다. 공무원의 잘못된 업무집행 행위를 그 소속 기관에 제출하여 시정을 요구하는 것을 예로 들 수 있다. 진정이 제기되면 해당 기관에서는 일단 진정내용의 사실 여부를 확인한 다음 시정조치를 취하거나 범죄사실이 포함된 경우 수사기관에 고발조치하기도 한다. 만일 진정서가 수사기관에 제출되어 처벌을 구하는 경우라면 고소 및 고발과 유사하지만, 범죄인지의 형태로 처리할 가능성이 많다. 수사기관에 제출되는 진정서에는 범죄사실이 포함되어 있는 경우가 많은데, 성명을 밝히지 않은 진정서의 경우 범죄혐의가 짙은 경우에만 내사를 거쳐 정식으로 수사에 착수하고 있다.

탄원은 진행 중인 사건의 선처를 호소하는 내용이 많아

탄원(歎願)은 사정을 자세히 말하고 도와줄 것을 간절히 바라는 마음의 표현이다. 형사절차에서는 범죄혐의를 받고 있는 피의자 및 피고인들이 주로 '탄원서'라는 형태로 자신의 결백함을 호소하거나 선처를 요구하는 경우가 많다. 남편이 범죄혐의를 받아 구속된 경우 아내가 가족의 경제적 어려움을 들어 선처해 달라는 취지의 내용을 탄원서라는 이름으로 제출하는 것을 그 한 예로 볼 수 있다.

수사기관과 법원에 탄원서를 제출할 때 어떻게 작성하는 것이 좋은가?

☞ 탄원서는 진솔하게 작성하여 읽는 사람으로 하여금 신뢰감을 주는 것이 중요하다.

형사사건에서 탄원서의 역할

형사절차에서 탄원서는 가해자가 범죄혐의의 결백을 주장하는 데도 사용될 수 있지만, 대개는 자신의 정상참작사유를 나타내는 데 주력하고 있는 것이 현실이다. 즉 범죄혐의는 인정하되, 다만 검사 및 판사에게 범죄행위의 불가피성, 피의자 및 피고인이 처한 안타까운 상황, 피해자를 위한 노력 등을 정서적으로 호소함으로써 자신의 처벌을 가볍게 하는 수단으로 이용되고 있다.

어떻게 작성하는 것이 좋은가

탄원서는 특별히 정해진 양식이나 내용적 틀이 있는 것이 아니다. 탄원서는 그 성격상 경찰이나 검찰 및 법원에 제출하여 정상을 참작해 달라는 내용이 많을 것이므로 검사 및 판사가 심정적으로 충분히 공감할 수 있도록 작성하는 것이 중요하다.

탄원서를 작성할 때 유의할 점을 요약하면

탄원서는 그 정서적 성격으로 말미암아 상대방을 심정적으로 공감할 수 있게 하는 것이 중요하다. 이를 위하여 실무상 강조되는 몇 가지 유의점을 지적하여 보면 다음과 같다.

① 자필로 성의 있게 작성한다.

탄원서는 타이프라이터나 워드프로세서로 논리 정연하고 세련된 문구로 작성하기보다는, 작성자가 사실을 있는 그대로 자필로 직접 작성하는 것이 훨씬 더 효과적이다. 자필로 성의 있게 작성하는 것이 보는 이로 하여금 그 내용을 더욱 신뢰하도록 만들기 때문이다.

② 법적 용어보다는 일상적 어구를 사용한다.

그 내용을 작성하는 데 있어서도 미사여구나 법적 용어를 동원하여 작성하기보다는 일상적인 용어로 작성하는 것이 좋다. 예를 들어 법적 용어로 “기망한 사실이 없습니다”보다는 일상적인 용어인 “속인 사실이 없습니다”가 낫고, “어쩔 수 없이 절취하였습니다"보다는 "어쩔 수 없이 훔쳤습니다"라는 말이 더 솔직하고 호소력이 있어 보인다.

③ 내용을 너무 장황하게 작성하지 않는다.

탄원서의 분량도 A4 용지 2~3매 정도가 적당하며 읽기에 편하게 작성할 필요가 있다. 받아보는 입장에서는 워낙 탄원서가 많이 접수되므로 검사 및 판사는 이를 그냥 눈으로 훑어보고 지나쳐버리는 경우도 있기 때문이다.

예를 들어보면

평소 성실한 회사원 A가 술을 먹었음에도 불구하고 갑자기 자신의 80세 노모가 위독하다는 연락을 받고, 자신의 차량을 병원까지 운전해 가던 중 경찰관에게 음주측정을 당하여 구속된 경우가 있다. 이때 탄원서를 작성해 본다면, 가족들은 A가 술을 먹은 상태였으나 노모가 갑자기 위독하여 엉겁결에 음주운전한 사실, A가 유일한 자녀로서 80세 노모를 봉양하여야 한다는 사실, A가 평소 근면성실한 회사원이었던 사실(이 경우 회사 직원들의 탄원서를 첨부하는 것도 좋은 방법일 것임), A가 구속된 후 가족의 경제적 어려움 등을 들어 판사의 심정에 충분히 호소해 볼 수 있다.

청와대에 진정서나 탄원서를 제출하면 해결이 훨씬 잘 되는가?

☞ 청와대에 진정서를 제출한다고 반드시 해결이 더 잘 되는 것은 아니다.

상급기관 진정의 경향

우리는 주변에서 관공서 등의 업무처리가 자신의 뜻대로 잘 되지 아니하면 상급기관에 진정서를 제출하는 것을 곧잘 볼 수 있다. 가장 정점에 위치하고 있는 것이 청와대이다. 언제부터인가 우리에게 있어서 청와대(엄밀히 말하면 대통령비서실)는 민원해결의 만능장소로 인식되어 왔다.

청와대에 민원을 접수하면

청와대비서실은 현실적으로 법을 집행하는 기관이 아니고 단지 대통령을 보좌하는 기관이다. 따라서 진정서를 접수하더라도 직접 처리하지 않고 해당부서로 이첩하여 처리하고 있다. 단지 이 경우 진정서의 표지에 '대통령비서실접수민원'이라는 식으로 청와대에 접수된 민원임을 표시하여 처리케 하고 있다. 만일 서울강남경찰서에서 수사 중인 사건에 관하여 진정서가 접수되면 청와대는 대통령비서실접수민원임을 표시하여 경찰청으로 보내어 처리케 한다. 이를 이첩받은 경찰청은 사건이 수사 중인 강남경찰서로 보내어 최종적으로 처리케 하고 있다. 이 중 내용이 중요하다고 생각되는 것은 이른바 '회보민원'으로 분류하여 처리결과를 청와대로 회보해 줄 것을 요청하기도 한다. 진정인의 입장에서는 결국은 서울강남경찰서에 직접 진정을 제기한 결과와 동일한 결과를 얻게 될 뿐이다.

그럼에도 불구하고 청와대는 왜 민원접수를 하는가

청와대의 민원처리 형태는 조선 태종 때의 신문고제도와 유사한 것으로 보인다. 신문고제도는 접수된 민원을 왕의 직속인 의금부 당직청에서 처리하였으나, 현행 청와대 민원의 경우 직접 처리할 법령의 근거규정이 없어 해당부서로 이첩하여 처리케 한다는 점에서 다르다. 이러한 의미에서 오늘날 청와대에 민원을 직접 접수하는 것은 그 상징적인 의미를 부여하는 데 불과해 보인다.

고소와 고발의 차이는?

☞ 고소는 범죄의 피해자가 수사기관에 대하여 범죄인의 처벌을 직접 요구하는 것이고, 고발은 피해자가 아닌 제3자가 요구하는 것이다.

고소와 고발은 서로 달라

고소(告訴)는 범죄행위로 인하여 피해를 입은 사람이 수사기관에 대하여 범죄사실을 신고하고 범죄인의 처벌을 구하는 의사표시이며, 고발(告發)은 범죄의 피해자가 아닌 제3자가 수사기관에 범죄사실을 신고하여 범죄인의 처벌을 구하는 것이다. 흔히 방송이나 신문 등에서 “감사원은 해당 부분에 대한 감사결과 비리가 적발되는 공무원에 대하여는 검찰에 고발조치할 예정으로 있다”라고 하거나 혹은 “국세청은 문제의 기업을 조사한 결과 세금탈루사실이 드러나면 검찰에 고발조치할 방침으로 있다”라는 보도를 종종 접하는 경우가 있다. 감사원이나 국세청은 범죄행위로 인한 직접적 피해자가 아니고 제3자일 따름이다. 그렇기에 이러한 경우에 고발이라는 용어가 등장하는 것이다.

고소와 고발이 있게 되면

이와 같이 고소와 고발은 처벌을 구하는 자가 피해자이냐 아니면 제3자이냐에 따라 구분되며, 모두 수사의 단서가 된다. 고소는 후에 그 취소가 가능하지만, 고발은 취소가 불가능하다.

고소는 어떤 방법으로 하면 되는가?

☞ 고소장을 작성하여 피고소인의 주소지 경찰서나 검찰청의 민원실에 접수하면 된다.

고소의 방식은

고소의 방식은 특별한 제한이 없으며, 구두나 서면으로 하면 된다. 그러나 고소장이라는 형태의 서면으로 제출하는 것이 일반적이며, 수사기관의 입장에서도 고소인이 서면으로 고소하도록 요구하는 경우가 많다. 이는 고소의 확실성과 함께 수사의 편의를 도모하기 위함이다.

고소인의 신원을 밝히고 피고인의 인적 사항을 기재해야

고소를 할 때에는 고소인의 신원을 명확히 하고 피고소인이 누구인지 밝혀야 한다. 성명을 모르는 경우에도 주민등록번호나 핸드폰 번호 등을 통해 범인을 식별할 수 있으면 된다.

고소는 주거지 관할 경찰서나 검찰청에 하여야

고소인은 피고소인 및 피고소인의 범죄사실을 적은 고소장을 피고소인의 주거지(대개는 주민등록지임)를 관할하는 경찰서 또는 검찰청의 민원실에 접수하면 된다. 고소는 범죄지, 가해자의 주소, 거소 또는 현재지 관할의 수사기관에 하면 된다. 그러나 현실적으로 가해자의 주소지를 관할하는 수사기관에서 사건을 처리하는 것이 관례이다. 물론 주민등록지에 거주하지 않는 경우 범죄의 장소를 관할하는 경찰서 또는 검찰청에 제출하여도 된다. 만일 피고소인이 직장인인 경우에는 직장의 소재지를 관할하는 경찰서 또는 검찰청에 제출하면 된다.

고소 후 사건처리가 어떻게 진행되는가?

☞ 고소인 조사를 먼저 한 후 피고소인에게 출석 요구하여 수사를 진행한다.

고소장의 제출과 고소인 진술

고소인이 고소장을 작성하여 경찰서나 검찰청 민원실에 제출하면 사건이 접수된 순서대로 고소사건이 처리된다. 사건의 양에 따라 다소 차이는 있지만 대개 접수 후 1~2주 정도 지나 고소인에게 출석요구를 하여 피해상황 및 고소내용에 관한 고소인 진술조서를 작성한다. 경우에 따라서는 고소인이 요구하면 고소 당일 조사가 이루어지기도 한다.

피고소인에 대한 피의자신문

고소인에 대한 진술을 들은 이후 피고소인을 출석시켜 고소인의 진술을 토대로 범죄사실 및 고의성 여부 등에 대하여 조사를 하게 된다. 이때 작성하는 조서를 피의자 신분에서 조사를 받는다고 하여 피의자신문조서라고 한다. 피의자신문은 범죄유무를 밝힐 때까지 계속 진행되며, 경우에 따라서는 수 차례 시행되기도 한다.

사건의 송치와 검찰에서의 처리

피의자신문이 끝나면 경찰관은 수사결과에 대하여 '기소' 혹은 '불기소'에 대한 의견서를 첨부하여 관할 검찰청으로 사건을 보내게 된다. 이를 실무상 '송치'(送致)라고 한다. 사건을 송치받은 검찰청은 이를 토대로 사건을 재조사하거나 경찰의 조사내용을 토대로 하여 공소제기 여부를 결정하게 된다. 검찰청은 송치사건이 벌금형에 해당하는 경우 특별한 사항이 없는 한 더 이상 조사하지 않고 경찰의 조사를 토대로 공소제기 여부를 결정한다. 다만, 정식재판에 회부할 사건의 경우에는 검찰에서 재조사가 이루어진다. 공소제기 후에는 법원에서 공판절차가 진행되며, 피고인에 대한 유·무죄를 결정하는 재판이 이루어진다.

자신의 부모를 고소할 수 있는가?

☞ 자신 및 배우자의 직계존속은 고소할 수 없다.

고소의 제한

고소 및 고발의 대상은 제한이 없다. 그러나 자기 또는 배우자의 직계존속은 고소하지 못한다. 자기의 직계존속은 아버지, 어머니, 할아버지, 할머니 등을 말한다. 배우자의 직계존속은 남편 쪽에서 보면 장인, 장모 등이 해당하고, 아내의 입장에서 보면 시아버지, 시어머니 등이 해당한다. 직계존속에 대한 고소 및 고발을 제한하는 것은 부모를 공경하는 우리 고유의 미풍양속에 근거한 것이다.

「성폭력범죄의 처벌 및 피해자보호 등에 관한 법률」에서의 예외

직계존속 고소의 제한에 대하여도 예외가 있다. 1994년 4월 10일부터 시행된 「성폭력범죄의 처벌 및 피해자보호 등에 관한 법률」에 의하면 친족에 의한 강간·강제추행 등의 성폭력범죄에 대하여는 고소할 수 있도록 하고 있다. 의붓아버지가 입양한 딸을 성폭행하는 경우에는 비록 법률상의 직계존속에 해당하지만 그를 고소할 수 있다.

친족간의 특정범죄의 경우 처벌할 수 없어

직계혈족, 배우자, 동거친족, 호주, 가족 또는 그 배우자 간에 있어서 재산범죄인 권리행사방해죄, 절도죄, 사기죄, 공갈죄, 횡령죄, 배임죄 및 장물죄에 대해서는 그 형을 면제하도록 하고 있다. 그 외의 친족에 대한 위 범죄행위의 경우 고소가 있어야 처벌할 수 있다(친고죄). 따라서 사촌 형님에 대한 재산범죄의 경우 고소가 없으면 처벌할 수 없다. 이 규정은 친족에 대한 재산범죄사건은 그 친족 내부에서 처리하는 것이 친족의 화합을 위하여 중요하기 때문에 국가가 가급적 간섭하지 않으려는 취지다.

검찰에 고소장을 제출하면 더 유리한가?

☞ 검찰에 고소장을 제출하면 사건처리를 앞당길 수도 있다.

고소인들의 일반적 성향

일반적으로 피해자들은 경찰보다 검찰에 고소장을 제출하기를 원하는 것으로 알려지고 있다. 이것은 피해의 정도가 크면 클수록 더 그렇게 생각하는 것 같다. 그만큼 공익의 대표자인 검사가 직접 고소사건을 철저하게 수사하여 억울함을 밝혀달라는 것으로 이해된다.

검찰에 고소한 경우의 사건처리

검찰에 고소장을 제출한다고 하여 모두 검찰에서 직접 수사를 하는 것은 아니다. 초동수사(初動搜査)는 대개 검사의 지휘를 받아 사법경찰관리가 수사하는 것이 관례이기 때문이다. 현실적으로도 검찰에서 모든 사건을 직접 수사할 만큼 인력이 충분하지 않다. 그러나 검찰에 직접 고소를 한 경우라 할지라도 일률적으로 경찰에 수사지휘를 하는 것은 아니다. 사건의 중요도에 따라 사건을 배당받은 주임검사가 일차적으로 검토한 후 직접 수사할 것인지 혹은 경찰을 지휘하여 수사할 것인지 여부를 결정한다.

신속한 사건처리에는 도움이 될 수도

경찰과 검찰 중에서 어디에 고소하느냐의 문제가 고소사건의 처리기간에 다소 영향을 줄 수는 있다. 경찰에 고소하게 되면 사법경찰관의 고소사건 처리기한인 2개월, 다시 검찰에 사건이 송치(送致)된 후 검사의 고소사건 처리기한인 3개월을 합하여 5개월이 소요될 수도 있다. 반면, 검찰에 직접 고소하면 주임검사가 정해지고, 동시에 검사사건으로 되어 경찰의 수사를 지휘하거나 직접 처리하여야 한다. 그리고 검사의 고소사건 처리기한인 3개월을 초과할 수 없게 된다. 이러한 관점에서 검찰에 고소하는 것이 경찰에 고소하는 것보다는 시간적으로 신속히 처리될 수 있다는 장점이 있다.

고소장은 어떻게 작성하는가?

☞ 고소장은 사실관계를 6하원칙에 의하여 작성하고, 그 내용에 상대방을 처벌하여 달라는 의사표시만 있으면 된다.

6하원칙에 의거하여 작성

고소장의 작성에 대하여 특별한 양식이 있는 것은 아니다. 그러나 고소장은 고소인 및 피고소인을 구체적으로 나타내고, 고소사실은 대체로 6하원칙(누가, 언제, 어디서, 왜, 무엇을, 어떻게)에 의거하여 작성하면 된다. 그래야만 고소하고자 하는 사실을 명확하게 전달할 수 있고, 수사기관도 사실을 정확하게 파악하고 수사에 임할 수 있기 때문이다. 고소인이 죄명까지 밝힐 필요는 없다. 어떤 죄로 처벌할 것인지는 법률전문가인 검사 및 판사의 몫이기 때문이다. 고소장에는 범죄일시가 명확하게 나타나야 한다. 범죄일시는 공소시효에 영향을 미치기 때문이다. 또한 고소장에는 범죄인을 처벌하여 달라는 의사표시가 있어야 한다. 고소는 단순한 탄원이 아니고 처벌을 구하는 의사표시이기 때문이다. 그리고 재산범죄의 경우에는 고소인과 피고소인의 관계를 표시하여야 한다. 일정한 친족관계의 경우 형을 면제하는 규정이 있기 때문이다.

간단한 고소장 정도는 자신이 직접 작성할 수 있어야

고소내용이 경미하거나 간단한 경우에는 고소인이 직접 작성하는 것이 경제적이다. 수사기관이 고소인을 조사하는 과정에서 고소사실을 상세하게 밝힐 수 있는 기회가 주어지기 때문이다. 그러나 피해의 규모가 큰 경우, 범죄행위 여부가 애매한 경우, 또는 고도의 법률지식을 요하는 경우에는 변호사나 법무사 등 전문가의 조언을 구하여 작성하는 것이 바람직하다.

성폭행당한 미성년자가 고소를 취소하여도 그 부모가 다시 고소할 수 있는가?

☞ 피해자가 미성년자인 경우에는 그 법정대리인이 다시 고소할 수 있다.

미성년자도 고소를 취소할 수는 있어

미성년자에게 고소능력과 취소능력이 인정되는지 여부가 문제다. 대법원은 민법상 법률행위능력이 없어도 피해를 받은 사실을 이해하고 고소에 따른 사회생활상의 이해관계를 알아차릴 수 있는 사실상의 의사능력만 있으면 고소능력이 인정된다고 보고 있다(대법원 1999.2.9. 선고, 98도2074 판결). 따라서 미성년자일지라도 사회생활을 이해할 수 있는 의사능력만 있으면 고소를 할 수 있고, 또한 고소를 취소할 수 있다.

미성년자를 위하여 법정대리인이 고소할 수 있어

일반적으로 고소는 한 번 취소하면 다시 고소할 수 없다. 따라서 고소를 취소한 미성년자는 다시 고소할 수 없다. 그러나 미성년자의 법정대리인은 피해자인 미성년자의 의사와 상관없이 고소할 수 있다. 즉 법정대리인의 고소권은 미성년자(형사무능력자)를 보호하기 위하여 주어진 고유의 권한으로 피해자의 고소권 소멸 여부에 관계없이 이를 행사할 수 있다. 이 경우 법정대리인의 고소기간은 법정대리인 자신이 범인을 알게 된 날로부터 시작된다(대법원 1987.6.9. 선고, 87도857 판결).

법정대리인의 고소권은 피해자의 명시한 의사에 반하여도 행사될 수 있어

법정대리인의 고소권은 피해자의 명시한 의사에 반하여도 행사할 수 있다(대법원 1999.12.24. 선고, 99도3784 판결). 따라서 피해자인 미성년자가 고소를 취소한 경우에도 그의 의사에 상관없이 법정대리인은 고소할 수 있다. 미성년자에 대한 법정대리인의 고소는 주로 성폭력피해사건에서 문제되는 경우가 많다. 성폭행을 당한 미성년자는 수치심 때문에 사건이 공개되는 것을 꺼려하여 고소를 주저하거나 고소를 하여도 곧 취소하는 경우가 종종 있다.

반드시 이혼을 하여야 간통고소를 할 수 있는가?

☞ 간통고소를 하려면 이혼을 하거나 적어도 가정법원에 이혼소장을 접수한 후에야 가능하다.

간통이란

간통은 배우자 있는 자가 다른 이성(異性)과 성관계를 가지는 것을 말한다. 즉 간통죄가 가능한 관계로는 '배우자 있는 자－배우자 있는 자' 혹은 '배우자 있는 자－배우자 없는 자'를 생각할 수 있다. 여기서 배우자는 법적 배우자를 말한다.

반드시 이혼이 전제되어야

간통으로 고소하려면 혼인이 해소되거나 이혼소송을 제기한 후에만 고소를 할 수 있다. 따라서 간통으로 고소하려면 피고소인과 이혼을 하였거나 그렇지 않으면 적어도 이혼소송의 소장을 가정법원에 접수한 후에야 가능하다. 이 경우 단순한 협의이혼의 약속만으로는 고소의 요건이 되지 않는다. 이것은 고소권을 신중하게 행사케 하여 국가형벌권이 피해자의 순간적인 복수심에 좌우되지 않게 하려는 데 그 취지가 있다.

실무상으로는 수사의 요건으로 작용

대법원은 부득이한 경우 우선 간통으로 고소해 놓은 이후 적어도 검사가 법원에 공소를 제기하기 전에 이혼소송을 제기하면 적법한 고소가 될 수 있다고 한다(대법원 1970.9.29. 선고, 69도1150 판결). 간통죄의 고소가 수사의 요건이 아닌, 공소제기의 유효조건이라는 점에서 보면 타당하다. 그렇지만 고소장의 접수는 가능하더라도 대개의 경우 수사착수를 기대하기는 어려울 것으로 보인다. 자칫 수사에 착수하였다가 이혼을 하지 않으면 검사는 공소를 제기할 수 없게 되기 때문이다. 이러한 이유로 실무에서는 고소장 접수시 이혼 혹은 이혼소송 제기 여부를 확인하고 있다.

간통현장을 포착하기 위하여 남의 집에 동의 없이 들어가도 되는가?

☞ 사인(私人)이 간통의 증거를 포착하기 위하여 함부로 남의 집에 들어갔다가는 오히려 주거침입죄가 될 수 있다.

현행범으로 체포하기가 어려워

누구든지 현행범을 영장 없이 체포할 수 있으나, 간통은 은밀하게 행하여지기 때문에 그 증거를 포착하기란 쉽지 않다. 그렇다고 하여 자백을 기대하기도 거의 불가능하다.

수사기관도 청탁수사 시비에 휘말릴 우려가 있어

만일 경찰관서에 찾아가 간통현장을 조사하기 위하여 경찰관의 동행을 요구한다고 하더라도 이에 응하지 않을 가능성이 많다. 경찰관이 동행요구에 응하기 위해서는 현행범일 것을 확신하여야 할 것인데, 은밀히 행하여지는 간통의 성격상 이를 알 수 없는 것이 문제다. 설령 경찰관이 동행요구에 응하더라도 고소가 없는 상태로는 자칫 청탁수사(請託搜査)[2] 시비에 휘말릴 수도 있다.

자칫 주거침입죄에 해당할 수 있어

그렇다고 하여 피해자가 혼자서 해결한답시고 직접 간통현장

2) 청탁수사란 누군가의 부탁을 받고 수사를 개시하는 것을 말한다.

을 목격하기 위하여 타인의 집에 동의 없이 들어간다면 큰 문제가 생길 수 있다. 대법원은 간통할 것이라는 추측하에 이혼소송에 사용할 증거자료 수집을 목적으로 간통현장을 직접 목격하고 그 사진을 촬영하기 위하여 타인의 주택에 침입한 것은 정당행위에 해당하지 않는다고 하였다(대법원 2003.9.26. 선고, 2003도3000 판결). 오히려 이 경우에 주거침입죄를 인정한 것이다.

범죄신고를 한 후 경찰관과 함께 현장을 포착하도록

사인(私人)의 간통행위 포착 목적이 상대방이 가지는 주거생활의 평온이라는 법익을 침해하는 것을 정당화할 수 없다. 과거와 같이 간통현장을 목격한답시고 여관방문을 부수고 들어가면 주거침입죄의 책임을 져야 할 수 있음을 주의하여야 한다. 따라서 간통의 현행범이 확실하다면 경찰서에 범죄신고를 한 후 그에 대한 증거확보 차원에서 경찰관에게 동행을 요구하는 방법밖에 없다. 경찰관이 현행범의 체포를 위하여 타인의 주거에 침입하는 것은 허용되기 때문이다.

고소는 그 기간이 정하여져 있는 것인가?

☞ 일반적으로 고소의 기간제한은 없으나, 간통죄 등 친고죄의 고소는 범인을 알게 된 날로부터 6개월 이내에 하도록 제한되어 있다.

일반사건은 제한 없어

일반사건에 대한 고소는 기간제한이 없다. 적어도 검사가 공소를 제기할 수 있는 기간인 공소시효기간 내에 고소를 제기하면 범인을 처벌할 수 있다. 예를 들어 사기죄의 경우 공소시효가 7년이므로 최후의 범죄행위가 있은 날로부터 7년 이내에만 고소하면 유효한 고소가 된다.

친고죄의 고소는 6개월 이내에 하여야

강간죄, 간통죄 등과 같이 피해자의 고소가 있어야만 처벌할 수 있는 이른바 친고죄(親告罪)[3]의 경우는 고소기간을 피해자가 범인을 알게 된 날로부터 6개월 이내로 제한하고 있다. 이는 국가형벌권의 행사가 사인(私人)에 의하여 부당하게 좌우되는 불합리를 막기 위함이다.

공범자 중 한 명에 대한 고소는 다른 공범자에게도 고소의 효력이 있어

친고죄의 공범 중 1인 또는 수인에 대한 고소는 다른 공범자에 대하여도 효력이 있다. 따라서 간통죄의 공범 중 1인이 도주를 한 경우에도 나머지 1인에 대하여 한 고소는 다른 도주한 사람에게도 고소가 있었던 것으로 보아 공소시효는 중단되게 된다. 피해자, 즉 고소할 수 있는 자가 여러 명인 경우 그 중 1명이 고소기간을 넘긴 경우라도 타인의 고소에는 영향이 없다. 따라서 간통의 피해자가 두 명인 경우 한 사람이 고소기간을 넘겼더라도 다른 한 사람이 아직 범인을 안 날로부터 6월을 경과하지 않았다면 고소할 수 있다.

성폭력범죄는 1년 이내에 하면 돼

「성폭력범죄의 처벌 및 피해자보호 등에 관한 법률」은 성폭력범죄 중 친고죄(강간죄, 강제추행죄 등)의 경우 범인을 알게 된 날로부터 1년까지 고소할 수 있도록 규정하고 있다. 성폭력범

---

3) 친고죄는 피해자의 고소가 있어야 검사가 공소를 제기할 수 있는 범죄유형이다. 예를 들어 단순강간죄, 강제추행죄, 간통죄, 혼인빙자간음죄, 사자명예훼손죄, 모욕죄 등이 있다.

죄의 피해자에게는 고소기간을 6개월 더 연장한 것이다. 또한 고소할 수 없는 불가항력의 사유가 있는 때에는 그 사유가 없어진 날부터 기산하도록 되어 있다. 예를 들어 성폭력범죄의 피해자가 나이가 어려 고소할 수 없었다면, 그 기간은 고소기간에서 제외하고 성범죄와 고소의 의미를 이해하기에 충분한 연령이 된 때부터 고소기간을 기산한다는 뜻이다.

고소취소는 그 기한이 정해져 있는가?

☞ 일반범죄에 대한 고소취소의 기간제한은 없으나, 간통죄 등 친고죄의 고소취소는 반드시 제1심판결선고 이전까지 하여야 한다.

고소취소는 기간제한이 없어

일반사건의 경우 고소취소의 기한이 없는 것은 고소를 취소하더라도 그것은 수사나 재판의 정상참작사유로 되는 데 불과하기 때문이다. 따라서 일반사건의 경우 고소를 취소하는 데 그 기간제한이 없다. 적어도 1심 또는 2심의 판결 선고 전에 취소하면 된다. 3심인 대법원은 법률심 위주이기 때문에 고소취소는 사실상 의미가 없어진다. 그러나 대부분의 고소취소는 수사단계나 제1심판결 선고 이전단계에서 이루어지고 있는 실정이다.

친고죄의 경우 제1심판결선고 이전에 하여야

강간죄, 간통죄 등 피해자의 고소가 있어야만 처벌할 수 있는 친고죄의 경우는 고소취소의 기간제한이 있다. 적어도 법원의 제1심판결 선고 이전까지만 취소할 수 있다. 고소취소의 기간제한은 피해자의 명시적 의사에 반하여 처벌할 수 없는 명예훼손죄, 폭행죄, 협박죄 등의 이른바 반의사불벌죄(反意思不罰罪)의 경우에도 동일하게 적용된다. 피고소인이 여러 명인 경우 1명에 대한 고소취소는 다른 피고소인에 대하여도 고소취소가 있는 것이 된다. 따라서 공범자가 여러 명 있는 경우 1명 또는 여러 명에 대한 고소취소는 다른 공범자에 대하여도 고소취소가 있는 것으로 간주된다. 2000년 6월경 간통혐의로 부인에게 고소당하였다가 경찰조사과정에서 1년 사이에 216명의 여성과 성관계를 가진 사실로 세상을 떠들썩하게 만든 사건이 있었다. 서울 명동의 모 카페 주인 C의 이른바 '한국판 카사노바 사건'으로 불리는 이 사건에서 피해자인 부인은 이혼심판청구소송과 함께 고소를 하였다가 9억 원의 위자료 문제가 해결되자 제1심 판결 선고 하루 전에 고소를 취소하여 법원이 공소기각판결을 선고하였다.

고소만 취소하면 모든 것이 끝나는 것인가?

☞ 친고죄와 반의사불벌죄를 제외한 일반범죄에 대한 고소의 취소는 양형(刑의 量定)의 정상참작사유에 불과하다.

고소를 취소하면

일반사건의 경우 고소를 한 사람은 언제나 고소를 취소할 수 있으며, 고소취소의 기간제한도 받지 않는다. 고소취소는 법원이 피고인에게 형벌을 과하는 데 있어서 단지 정상참작사유에 불과하기 때문이다. 즉 고소취소는 유·무죄 판단기준이 되지 아니하며, 유죄판단 이후의 양형과정에 영향을 미칠 수 있을 뿐이다. 특히 사기죄 등 재산범죄에 있어서는 고소취소는 곧 피해의 회복여부를 판단하는 기준이 되며, 법관이 형벌의 종류와 양을 정하는 데 있어서 중요한 요소가 된다.

친고죄와 반의사불벌죄의 고소취소는

친고죄나 반의사불벌죄의 경우 피해자가 고소를 취소하면 피고인을 처벌할 수 없게 되어 있다. 이 경우 수사단계에서 고소취소가 이루어지면 검사의 '공소권 없음' 처분으로 종결되고, 제1심판결 선고 이전에 고소가 취소되면 법원의 '공소기각판결'로 종결된다. 범죄사실의 진위여부를 더 이상 따지지 아니하고 사건을 종결시키는 것이다.

일반사건의 경우 고소를 취소하여도 처벌은 받아

그러나 일반범죄에 대한 고소는 이를 취소하더라도 사건이 종결되지 않는다. 일반사건에서 고소는 소송조건이 아니라 정상참작사유에 불과하기 때문이다. 따라서 고소를 취소하더라도 고소에 의하여 밝혀진 범법사실은 변함없이 그대로 남아 있게 된다.

형사사건을 처리하는 데도 기한이 따로 정해져 있는가?

☞ 고소・고발사건의 경우 경찰은 2개월, 검사는 3개월 이내에 수사를 종료해야 한다.

고소・고발사건의 처리기한

고소・고발사건의 경우에 있어서 사법경찰관은 고소・고발을 수리한 날로부터 2월 이내에 수사를 완료하여야 한다. 검사가 고소・고발에 의하여 범죄를 수사할 때에는 고소・고발을 접수한 날로부터 3월 이내에 수사를 완료하도록 하고 있다. 검사의 경우 사법경찰관리에 비하여 1개월을 더 규정하고 있는 것은 수사 및 공소제기 여부까지 결정해야 하는 문제가 있기 때문이다.

일반 형사사건의 처리기한

일반 형사사건의 경우 특별히 법령에 그 처리기한이 정하여져 있지는 않다. 그러나 일반 형사사건도 이에 준하여 생각하면 된다. 실무상 대개 3개월을 사건처리의 기한으로 보고 있는 것 같다. 검찰의 경우 3개월을 초과하는 사건에 대하여는 상급자의 결재를 얻도록 하는 등 이유 없이 사건을 방치하는 사례가 없도록 자체적으로 엄격히 관리하고 있다.

수사기관별로 약 2~3개월 정도 소요되고 있어

위에서 본 바와 같이 대개의 사건은 접수된 날로부터 3개월 이내에 수사를 끝내고 검사가 공소제기 여부를 결정한다. 다만 경찰서에 사건이 접수된 경우 일단 초동수사를 완료한 후 검찰로 다시 송치하여야 하기 때문에 시간이 더 걸릴 수도 있다. 즉 경찰서에서 2～3개월, 검찰청에서 2～3개월 정도를 생각하면 경우에 따라서는 6개월 정도까지 걸릴 수도 있다.

검사가 사건에 대하여 공소를 제기하지 않고 불기소처분한다는 것은 무엇을 의미하는가?

☞ 불기소처분을 한다는 것은 검사가 피의자를 처벌하지 않고 사건을 종결한다는 의미이다.

검사의 수사종결

검사가 수사를 종결하여 실체적 진실을 밝히면 피의자를 법원에 기소하느냐 여부를 판단하여야 한다. 기소는 검사가 법원에 대하여 범인에 대한 처벌을 구하는 소송행위이며, 불기소는 검사가 사건을 법원으로 넘기지 않고 검사 자신의 처분으로 사건을 종결짓는 것이다. 말 그대로 불기소처분은 기소를 하지 않는 처분을 말하는데 기소를 하지 않는다는 것은 곧 처벌하지 않음을 의미한다.

불기소처분의 종류에는

불기소처분의 종류에는 기소유예, 혐의없음, 죄가안됨, 공소권없음 및 각하가 있다.

① 기소유예

기소유예는 범죄의 혐의는 인정되지만 범인의 연령, 평소의 성격과 행실, 지능과 성장 환경 및 피해자와의 합의 여부 등을 참작하여 공소를 제기하지 않는 것을 말한다. 주로 경미한 폭행·상해 등에 있어서 기소유예처분을 하고 있다. 죄는 인정되지만 처벌하지 않는 불기소처분이다.

② 혐의없음

혐의없음은 통상 무혐의라고 불리는 것으로, 범죄에 대한 혐의가 없는 경우를 말한다. 즉 피의사실에 대하여 범죄가 인정되지 않는 경우(범죄인정안됨)이거나, 피의사실을 인정할 만한 충분한 증거가 없는 경우(증거불충분)를 말한다.

③ 죄가안됨

죄가안됨은 피의사실이 범죄에 해당하지만 법률상 범죄를 성립시킬 수 없는 경우를 말한다. 즉 범죄를 저질러도 처벌을 할 수 없는 경우이다. 예를 들어 피의자가 14세 미만인 자(형사미성년자[4]), 심신상실자인 경우 등이 이에 해당된다.

④ 공소권없음

공소권없음은 피의사건에 대하여 형식적으로 소송의 조건이 충족되지 않았거나, 형이 면제되는 경우 등을 말한다. 친고죄에서 고소가 없거나 수사결과 이미 확정판결이 있는 경우, 공소시효가 완성된 경우가 그 예다.

⑤ 각 하

각하(却下)란 수사기관에 대한 고소·고발 등의 신청에 대하여 형식적인 면에서 부적법한 것으로 판단하여 이를 받아주지 않는 경우를 말한다. 즉 고소 또는 고발이 있는 사건에 관하여 고소인 또는 고발인의 진술이나 고소장 또는 고발장에 의하여 혐의없음·죄가안됨·공소권없음의 사유에 해당함이 명백한 경우에 내리는 불기소처분이다.

검사의 불기소처분에 대해서 검찰청에 이의신청을 할 수 있는가?

☞ 불기소처분을 한 검사 소속의 상급검찰청에 항고 또는 재항고를 할 수 있다.

검사의 불기소처분에 대한 불복으로서의 검찰항고 제도

검사의 불기소처분에 대하여는 그 검사가 소속한 상급검찰청에 항고 및 재항고로 다툴 수 있다. 이를 법원결정에 대한 불복방법인 항고와 구분하기 위하여 "검찰항고"라고 부르기도 한다.

---

4) 일반적으로 미성년자라고 하면 민사상의 만 20세 미만인 자를 말한다. 그러나 형법은 만 14세 미만인 자를 형사미성년자로 보고, 이에 해당하는 아동들에 대해서는 책임능력이 없는 자로 간주하여 형사처벌을 하지 않고 있다.

항고장의 접수는

검사의 불기소처분(혐의없음, 죄가안됨 등)에 대하여 불복이 있는 고소인 또는 고발인은 그 검사가 속한 지방검찰청 또는 지청을 거쳐 서면으로 관할 고등검찰청에 항고할 수 있다.항고는 불기소처분의 통지를 받은 날로부터 30일 이내에 하여야 한다. 그리고 항고를 함에 있어서는 반드시 그 검사 소속의 검찰청을 거치도록 하고 있는데, 그 이유는 고등검찰청의 판단에 앞서 한 차례 더 해당 검찰청의 판단을 거치게 함으로써 혹 있을지 모를 불기소처분의 부당성을 스스로 시정케 하려는 데 있다. 그래서 항고장의 접수는 불기소처분을 한 검찰청의 민원실에 접수하도록 되어 있다.

불기소처분청과 항고청의 처리

실무상으로는 항고장이 접수되면 불기소처분을 한 검사 소속의 부장검사가 불기소처분의 타당성을 검토하게 된다. 불기소처분이 정당하다고 판단되면 사건기록과 함께 항고장을 소속 고등검찰청으로 송부한다. 고등검찰청은 민간외부위원이 참석하는 항고심사회를 거쳐 항고사건을 검토하여 항고가 이유 있다고 판단되면 직접 수사하거나 이를 다시 해당 검찰청으로 송부하여 재수사를 지시할 수도 있다. 대부분의 경우 해당 검찰청으로 보내어 재수사하도록 하는데, 이를 실무상 '재기수사명령'[5]이라고 한다. 해당 검찰청에서 재수사하는 경우 검찰청별로 다소 차이는 있으나 불기소처분 검사와 다른 부(部) 소속의 부부장검사 및 수석검사나 혹은 전문부장검사가 사건을 담당하는 것이 관례이다. 수사의 공정을 기하기 위함이다.

---

5) 재기수사란 사건이 처리되어 누워 잠자고 있는 것을 다시 일으켜 세워 수사한다는 의미로 재수사와 유사하다고 보면 된다.

재항고는 30일 이내에 대검찰청에

고등검찰청에서 항고기각결정이 이루어진 경우에 고소인은 대검찰청에 재항고 할 수도 있다. 재항고도 항고와 마찬가지로 항고기각결정의 통지를 받은 날로부터 30일 이내에 제기하여야 한다.

검사의 불기소처분에 대한 불복방법으로 법원에 재정신청을 할 수 있다는데, 사기죄로 고소한 사건에 대해서도 재정신청이 가능한가?

☞ 개정 형사소송법은 재정신청의 대상을 모든 범죄로 확대하였기 때문에 사기죄로 고소한 사건에 대해서도 재정신청이 가능하다.

재정신청이란

재정신청은 공소권을 독점하고 있고 기소여부에 관한 재량권도 어느 정도 가지고 있는 검사의 자의적인 불기소처분에 대한 법원의 통제가 필요하다는 취지에서 나온 제도이다. 즉 재정신청은 고소인(또는 고발인)이 검사의 불기소처분의 당부에 관한 법원의 판단을 구하는 것을 말한다. 법원(고등법원)이 검사의 불기소처분이 부당하다고 판단하면 재정결정을 하게 되고, 이렇게 되면 공소제기가 있는 것으로 된다.

재정신청의 대상을 모든 범죄로 확대

지금까지 재정신청이 가능한 대상범죄는 형법상으로는 공무원에 의한 직권남용, 불법체포·감금, 폭행·가혹행위의 죄로 한정되어 있었다. 그러나 개정 형사소송법은 재정신청의 대상을 모든 범죄로 확대하였다.

재정신청권자는 불기소처분을 받은 고소인

개정 형사소송법은 재정신청의 대상을 모든 범죄로 확대하되, 재정신청권자를 고소인으로 제한하였다. 즉 고소사건에 한하여 재정신청을 인정한 것이다. 그러나 지금까지 재정신청이 가능했던 범죄에 대해서는 종전과 마찬가지로 고소인은 물론 고발인도 재정신청이 가능하도록 했다. 즉 공무원에 의한 직권남용, 불법체포·감금, 폭행·가혹행위의 죄에 대해서는 고소인은 물론 고발인도 재정신청을 할 수 있다.

재정신청을 하려면 먼저 검찰항고를 해야

개정 형사소송법은 재정신청을 전면 확대하면서 재정신청의 남용을 방지하고 재정신청의 효율성을 높이기 위해 검찰항고전치주의를 채택하였다. 이에 따라 재정신청인은 반드시 먼저 검찰항고를 거치도록 하였다. 다만, 1) 재정신청인이 불기소처분에 대하여 항고를 제기하여 재기수사가 이루어진 다음 다시 불기소처분이 있는 때, 2) 항고신청 후 항고에 대한 처분이 행하여지지 아니하고 3개월이 경과한 때, 3) 공소시효 완성일 30일 전까지 공소가 제기되지 아니하는 때에는 검찰항고전치주의의 예외를 인정하여 항고를 거치지 아니하더라도 재정신청을 할 수 있도록 했다.

재정신청의 방식은

지금까지는 불기소처분을 받은 날로부터 10일 이내에 서면으로 재정신청을 하도록 규정하고 있으나, 개정 형사소송법은 항고전치주의를 채택하고 있기 때문에 검찰로부터 항고기각 결정을 받은 날로부터 10일 이내에 서면으로 재정신청을 하도록 하고 있다. 그러나 항고전치주의의 예외에 해당하여 항고절차를 거칠 필요가 없는 경우에는 다시 불기소처분의 통지를 받은 날이나 항고에 대한 처분 없이 3개월이 경과한 날부터 기산하여 10일 이내에 재정신청을 하면 된다. 또한 공소시효 임박을 이유로 하는 재정신청은 별도로 신청기간을 규정하지 아니하였다. 재정신청은 불기소처분을 한 검사 소속의 지방검찰청 또는 지청에 하면 된다.

재정신청의 관할법원은 고등법원

지금까지는 재정신청서와 사건기록을 수리한 고등법원은 20일 이내에 재정결정을 하도록 하고 있으나, 개정 형사소송법은 심리의 충실 및 피의자의 장기간의 지위불안을 해소하기 위하여 3개월 이내에 재정결정을 하도록 하고 있다. 재정신청이 법률상의 방식에 위배하거나 신청권의 소멸 후인 경우 또는 재정신청의 이유가 없는 때에는 기각결정을 한다. 개정 형사소송법은 만일 신청이 이유 있다고 판단되면 종전처럼 사건을 법원의 심판에 부(付)하는[6] 결정을 하는 대신 사건에 대한 공소제기를 결정하고, 공소유지도 법원에서 지정한 변호사가 아닌 검사가 담당하도록 하고 있다.

돈을 빌려준 후 7년이 지난 경우에도 사기죄로 고소할 수 있는가?

☞ 사기죄의 공소시효 7년이 경과하였기 때문에 고소를 하여도 처벌할 수 없다.

---

6) 관할법원의 심판에 '부(付)한다'고 함은 관할법원의 심판에 '넘기다', '의뢰하다'는 의미이다.

공소시효는

공소시효는 일정기간이 경과하도록 특정사건에 대하여 검사가 공소제기를 하지 아니할 경우 검사의 기소권한을 소멸시켜 더 이상 처벌을 할 수 없게 되는 제도를 뜻한다. 공소시효는 범죄행위를 종료한 때부터 진행한다.

공소시효기간은

형사소송법은 각 범죄유형별로 공소시효기간을 달리 정하고 있다.

15년: 사형에 해당하는 범죄
10년: 무기징역 또는 무기금고에 해당하는 범죄
7년: 장기 10년 이상의 징역 또는 금고에 해당하는 범죄
5년: 장기 10년 미만의 징역 또는 금고에 해당하는 범죄
3년: 장기 5년 미만의 징역 또는 금고, 장기 10년 이상의 자격정지 또는 다액 1만원 이상의 벌금에 해당하는 범죄
2년: 장기 5년 이상의 자격정지에 해당하는 범죄
1년: 장기 5년 미만의 자격정지, 다액 1만원 미만의 벌금, 구류, 과료 또는 몰수에 해당하는 범죄

자주 접하는 범죄의 공소시효를 살펴보면, 살인죄 15년, 강간죄 7년, 상해죄는 5년, 폭행죄는 3년, 협박죄 3년, (허위사실)명예훼손죄 5년, 절도죄 5년, 사기죄 7년, 공갈죄 7년, 횡령죄 5년, 배임죄 5년, 뇌물죄 5년, 간통죄 3년이다.

공소시효가 소멸하여도 채권채무관계는 존재해

공소시효는 검사의 공소권을 소멸시켜 일정기간이 지나면 형벌을 과하지 못하게 한다는 점에서 일정기간이 경과하면 권리관계를 소멸시키는 민법상의 소멸시효와 유사하다. 그러나 공소시효는 국가형벌권에 관계된 것이고, 소멸시효는 개인 간의

권리에 관계된 것이라는 점에서 서로 다르다. 따라서 공소시효가 완성되었다고 하여 소멸시효까지 완성되는 것은 아니다. 돈을 빌려준 후 7년이 지난 경우 사기죄의 공소시효는 완성되더라도 그 원인된 채권채무관계는 10년이 경과하여야 비로소 소멸시효가 완성된다. 채권자는 향후 3년 동안 민사적 권리를 행사할 수 있는 것이다.

자수하면 형을 적게 받는다는데 사실인가?

☞ 자수하면 가벼운 형벌에 처하거나 형벌을 받지 않을 수 있다.

자수란

자수(自首)는 '자기 스스로(自 : 스스로), 범죄사실을 자백한다(首 : 자백하다)'는 의미를 지닌 용어이다. 이를 법적으로 풀이하면 범죄혐의자가 자신의 범죄사실이 밝혀지기 전에 자진하여 수사기관에 출석하여 자신의 범죄사실을 신고함으로써 수사 및 처벌을 구하는 것이다. 형법은 범죄혐의자가 자수하면 형을 감경(減輕) 또는 면제(免除)할 수 있게 하고 있다.

자수는 직접 출석하여야

자수는 범죄혐의자 자신이 수사기관에 직접 출석할 것을 요한다. 그러나 변호인을 통하거나 우편 등의 방법으로 먼저 자수의사를 밝힐 수도 있다.

자수서를 작성·제출하는 것이 유리

자수를 할 때 유의해야 할 점은 반드시 자수서를 작성, 제출하여야 한다는 점이다. 자수서는 본인이 미리 작성하여 가거나 수사기관에 비치된 양식에 기재하여 제출할 수도 있다.

자수는 범죄사실을 인정하는 것이어야

자수는 자신의 범죄혐의를 인정하면서 처벌을 구하는 행위이다. 따라서 범죄혐의를 부인하는 것은 자수가 아니다. 즉 피고인이 비록 수사기관에 자발적으로 출석했다 하더라도 조사를 받으면서 자수서를 제출하지 않고 범행사실도 부인한 경우에는 자수가 인정되지 않으며, 그 이후 구속된 상태에서 자수서를 제출하고 범행사실을 시인하더라도 자수에 해당한다고 볼 수 없다(대법원 2004.10.14. 선고, 2003도3133 판결). 물론 범죄를 저지르지 않았다면 당연히 범죄혐의를 인정할 필요가 없다.

3

입건과 수사

범죄를 저지른 사람은 경찰관의 동행요구에 반드시 응하여야 하는가?

☞ 법관이 발부한 체포영장이나 구속영장을 제시하지 않는 경찰관의 동행요구에는 응하지 않아도 된다.

임의동행이란

임의동행에서 '임의'라 함은 동행을 요구하는 경찰관의 의사가 아니라 동행을 요구받는 사람의 의사를 기준으로 판단해야 한다. 설사 범죄혐의자라고 하더라도 그의 의사에 반하여 경찰서로 연행한다면 임의동행이 아니라 강제연행이다. 이처럼 경찰관이 억지로 동행을 강요하면 불법적인 체포·감금행위에 해당할 수 있다.

강제로 연행하려면 법관이 발부한 영장이 있어야

경찰관이 범죄혐의자를 경찰서에 강제로 연행하려면 검사가 청구하여 판사가 발부한 체포영장이나 구속영장이 있어야 한다. 따라서 범죄혐의자는 동행을 요구하는 경찰관에 대하여 영장제시를 요구할 권리가 있다. 대법원도 불법적인 임의동행에 응하지 않기 위하여 경찰관과 몸싸움 과정에서 경찰관에게 상해를 입힌 경우에 위법성이 없다고 보고 이를 공무집행방해죄로 인정하지 않았다(대법원 1999.12.28. 선고, 98도138 판결).

경찰서에서 피의자로 조사받을 때는 어떻게 하여야 하는가?

☞ 자신이 주장하려는 내용을 분명히 진술하고, 진술한 내용이 제대로 조서에 기재되어 있는지 꼼꼼하게 확인한 후 서명날인을 한다.

경찰서로부터 출석요구를 받으면 누구나 불안하다

사람들은 경찰서에서 전화만 와도 괜히 가슴이 두근거린다. 특히 범죄혐의를 받는 상태에서 경찰서에 조사받으러 오라는 연락을 받으면 두 말할 필요가 없다. 아마 대부분의 사람들은 그때부터 일이 손에 잡히지 않을 것이다. 과연 경찰관이 나에게 무엇을 질문하고, 나는 어떻게 답변해야 되는지, 그리고 조사결과는 어떻게 나올 것인지 고민스러울 수 있다.

묵비권의 행사나 변호인의 도움으로 모든 것이 해결되지는 않아

얼마 전 서울중앙지검의 K검사가 H신문에 피의자가 수사기관에서 수사받는 방법을 연재하면서 세간의 화제가 된 사실이 있다. 그 요지는 피의자가 수사기관에서 자신의 결백을 주장하려는 순간 파멸로 빠져들기 때문에 철저하게 묵비권을 행사하고 변호인에게 모든 것을 맡기라는 것이었다. 그러나 묵비권이나 변호인이 모든 것을 해결해 줄 수는 없다. 오히려 정당하게 자신의 주장을 펼치는 것이 도움이 된다.

피의자에게는 의견을 진술할 권리가 있어

개정 형사소송법은 피의자가 피의자신문조서의 기재내용에 대한 증감, 변경의 청구는 물론 의견진술을 할 수 있으며, 수사기관은 이를 조서에 기재하도록 하였다. 즉 피의자가 적극적으로 의견진술을 할 수 있는 권리가 있음을 명시한 것이다. 또한 피의자가 조서에 대하여 이의나 의견이 없음을 진술한 경우 그 취지를 자필로 기재하여 진술의 임의성이나 조서의 정확성을 높이도록 했다.

경찰조사를 받을 때 명심해야 할 내용

① 출석요구의 이유를 구체적으로 물어보라!

경찰서로부터 출석요구를 받으면 일단 무슨 일로 출석요구를 하는지 물어보아야 한다. 물론 경찰관의 입장에서 볼 때는 수사에 방해가 될 수도 있으므로 범죄혐의를 구체적으로 말하려 하지 않을 것이다. 그렇더라도 출석요구를 받은 사람은 주저하지 말고 가능한 한 많은 것을 물어보아야 한다. 적어도 '무슨 범죄혐의로, 어떻게 그와 같은 혐의를 받게 되었는지' 정도는 알아야 한다. 그래야 출석하기 전에 충분히 자신의 혐의사실에 대하여 방어준비를 할 수 있기 때문이다.

② 경찰관이 진술거부권을 고지하는지 주목하라!

경찰관은 조사를 시작하기 전에 반드시 진술거부권이 있음을 고지하도록 되어 있다(미란다원칙). 진술거부권은 조사를 받는 사람이 그 의미를 충분히 이해할 수 있도록 분명하게 고지되어야 한다. 만약 형식적으로 고지하거나 고지하지 아니하는 경우에는 경찰관이 작성한 조서를 증거로 사용할 수 없게 된다. 대법원은 미리 진술거부권을 고지하지 않고 피의자를 신문한 후 작성한 피의자신문조서를 증거로 인정하지 않고 있다(대법원 1992.6.23. 선고, 92도682 판결).

③ 경찰관의 눈치를 보기보다는 자신의 생각을 정리하여 당당하게 말하라!

난생 처음 경찰서에서 조사를 받는 사람들은 자신의 정당함을 주장하기보다는 오히려 '좋은 것이 좋다'는 마음에서 경찰관을 자극하지 않으려는데 더 신경을 쓰는 경향이 있다. 그러나 경찰관이 호의적으로 대한다고 해서 피의자에게 사건이 결코 유리하게 전개되는 것은 아니다. 오히려 노련한 경찰관일수록 호의를 보이며 인상을 좋게 한다는 사실을 유념하여야 한다. 처음 경찰서에서 조사를 받은 사람들이 자주 하는 얘기는 "경찰관이 참으로 잘 대해 주었다"느니 혹은 "조서를 참 잘 꾸몄다"는 말이다. 그러나 결과는 생각과 정반대로 나오는 경우가 많다. 수사관이 아무리 좋은 인상으로 친절히 피의자를 신문하였다 하더라도 그것과 조사내용은 별개이다. 수사기관의 피의자신문의 목적은 결국 범죄혐의를 밝혀 처벌하는 데 있기 때문이다.

④ 답변내용과 조서내용이 다른 경우에는 반드시 이의를 제기하여 바로잡아라!

실제로 조사과정에서 피의자의 답변내용과 달리 경찰관이 자신의 생각대로 조서에 기재하는 경우가 더러 있다. 이때 피의자가 이의를 제기하면 경찰관은 "그 말이 그 말 아니냐"라고 얼버무리면서 슬며시 넘어가려 할 수 있다. 그러나 이 말에 현혹되어서는 안 된다. 나중에 사건이 잘못 될 수 있기 때문이다. 유사한 말이라도 그것이 범죄의 성립에 어떻게 작용할지 모른다.

⑤ 진술기회를 주면 반드시 자신에게 유리한 진술을 하도록 하라!

수사기관이 피의자의 범죄혐의에 대한 조사를 마치면 피의자에게 진술할 기회를 준다. 이때 많은 경우 피의자는 "죄송합니다. 선처해 주십시오" 또는 "할 말이 없습니다"라는 말로 짧게 대답함으로써 반성하는 태도를 보이지만, 이것은 피의자에게 별로 도움이 되지 않는다. 오히려 자신의 범죄혐의를 인정하는 것이 될 수도 있다. 따라서 이러한 기회에서는 자신에게 유리한 사실을 요약하여 분명하게 답변하여야 한다.

⑥ 조서작성이 끝나면 자신의 진술내용을 꼼꼼히 읽어본 후 서명날인을 하라!

조서작성이 끝나면 경찰관은 조사받은 사람에게 반드시 읽어보게 할 의무가 있다. 이때 조서내용을 읽는 것을 귀찮게 여기지 말고, 반드시 경찰관의 질문과 자신이 답변한 내용을 꼼꼼히 읽어보고 잘못된 부분이 있으면 시정을 요구하여야 한다. 조서의 열람, 증감 청구, 의견진술은 피조사자의 당연한 권리이다. 만일 경찰관이 이를 시정해 주지 않으면 서명날인을 거부하거나 '이의 없음'이라는 자필기재를 하지 말아야 한다. 조서는 한 번 서명날인하면 다시 바로잡기가 쉽지 않을 뿐만 아니라, 유·무죄 여부를 판단함에 있어서 결정적인 영향을 줄 수 있기 때문이다. 또한 유죄로 판단되는 경우에도 양형의 주요자료가 될 수 있기 때문이다.

경찰의 조사를 받을 때 피의자는 어떤 답변을 주의해야 하는가?

☞ 경찰서에서 조사를 받을 때는 자신의 할 말을 분명하게 진술하고, 반드시 자신이 진술한 바대로 조서에 기재되는지 확인하여야 한다.

경찰서에서 조사를 받는 사람들의 위축된 심리

경찰서에서 조사를 받는 자는 우선 그 분위기에 압도되어 제대로 답변을 못하는 경우가 있다. 비록 가벼운 범죄혐의를 받는 피의자라도 자신의 할 말을 제대로 못하고 경찰의 요구대로 끌려가는 식으로 진술하는 경우가 많다. 유치장에 수감 중인 사람은 더 말할 나위가 없다.

자신의 권리는 자신이 보호해야

흔히 "권리 위에 잠자는 자는 법의 보호를 받을 수 없다"고 한다. 자신의 권리를 가장 잘 지켜줄 수 있는 사람은 결국 자기 자신이라는 얘기다.

수사기관에서 조사받을 때의 답변요령(사기죄의 가상사례)

범죄혐의자로서 조사받을 때에 적어도 다음과 같은 정도의 답변요령을 숙지하면 자신의 권리보호에 도움이 될 수 있다.

① 조사받는 자의 태도도 피의자조서에 적시한다는 점을 유의하라!

수사관 : 피의자는 돈을 떼어먹기 위하여 주소까지 바꾼 것으로 보이는데 어떤가요?

피의자 : 아닙니다.

수사관 : 그러면 왜 주소를 갑자기 바꾸었는가요?

피의자 : (이때 피의자 물끄러미 허공을 응시하다)

수사관 : 피의자의 범죄경력 자료에 보면 2000년 3월 4일 간통죄로 실형 6월을 선고받은 사실이 있는데 혹시 돈을 빌려 모두 유흥비에 소비한 것은 아닌가요?

피의자 : (이때 피의자 시선을 다른 곳으로 피하다)

'물끄러미 허공을 응시하다'는 것은 자백에 대한 피의자의 갈등을 표현해주는 것으로서 거짓말을 하고 있음을 추측케 한다. 또한 '시선을 다른 곳으로' 두는 것도 역시 조사를 받는 사람의 답변이 궁색하다는 것을 나타내므로 결코 유리할 것이 없다. 이와 같은 피의자의 태도는 범죄사실을 부인하고 있지만 사실은 거짓말을 하고 있음을 암시할 수 있다. 따라서 ( )안의 피의자의 행동묘사는 기재되지 않도록 요청하고, 가능하면 명확한 답변진술로 ( )안을 채워야 한다.

② 같은 의미의 답변이라도 말의 어감에 차이가 있음을 유의하라!

돈을 차용할 당시 피의자의 재산에 관한 수사관의 질문에 "전세보증금 6,000만원에, 예금 500만원이 있었습니다"와 "전세보증금 6,000만원과 예금 500만원 외에 달리 재산이라고는 없었습니다"라는 답변이 주는 느낌이 크게 다르다. 앞의 답변은 안정감을 주는 반면, 뒤의 답변은 다소 군색하다. 돈을 차용할 때의 지급능력 유무에 따라 사기죄의 성부가 결정되기 때문에 후자의 답변은 불리하게 작용할 수도 있다. 같은 말이라도 어감의 차이가 있으므로 본인에게 유리한 표현을 택하여 진술하는 것이 좋다.

③ "그렇게 보면 그렇게 생각할 수도 있습니다"라는 답변에 유의하라!

수사관 : 결과적으로 보면 홍길동을 속였다고 볼 수 있지 않은가요?

피의자 : 저는 남을 속여 본 적이 없습니다.

수사관 : 피의자는 속이지 않았다고 하지만 돈을 빌릴 당시 이미 갚을 능력이 없는 상태에서 1억 원을 빌렸고, 나중에 갚지 못하자 연락을 하지 않고 2년간이나 자취를 감추었다는데 그게 그것 아닌가요?

피의자 : 그렇게 말씀하시면 그렇게 생각할 수도 있을 것입니다.

처음에는 상대방을 속이지 않았다고 부인하다가 "그렇게 말씀하시면 그렇게 생각할 수도 있을 것입니다"라는 말 한마디에 속였다는 사실을 자백하는 셈이 되어 버렸다. 따라서 이러한 답변을 하지 않도록 유의하여야 한다.

④ "돈이 있어야 갚지요"라는 말과 같이 거부감을 보이는 답변을 삼가라!

수사관 : 돈을 갚을 생각이 있는가요?

피의자 : 돈이 있어야 갚지요.

"돈이 있어야 갚지요"라는 말은 다른 사람에게 매우 거부감이 들도록 만든다. 돈을 빌린 사실이 틀림없다면 다소 미안한 감정으로 표현하여야 하는데, 채무의 변제 그 자체를 부정하는 듯이 답변을 하면 수사기관으로 하여금 조사를 받는 자가 참으로 뻔뻔스럽다는 인상을 줄 우려가 있다. 따라서 이러한 표현 대신에 "현재로서는 갚을 능력이 없지만 조금만 시간적 여유를 주면 최대한 갚도록 노력하겠습니다"라는 식으로 좀 더 부드럽게 표현하는 것이 좋다.

⑤ "내가 돈을 떼어 먹으려고 했다면 성을 갈겠다"라는 식의 극단적인 표현은 삼가라!

조사를 받는 사람 중에는 자신의 결백을 나타내기 위하여 "내가 돈을 떼어먹으려고 하였다면 하늘이 가만 놔두지 않을 것이다", "맹세코 돈을 떼어먹으려고 한 사실은 없다", "돌아가신 아버님을 걸건대 결코 그런 일이 없다", "내 손에 장을 지지겠다"라는 표현을 서슴지 않는 사람들이 간혹 있다. 그러나 이 답변들에서 '하늘이', '맹세코', '돌아가신 아버님을 걸건대', '장을 지지겠다'라는 말은 심리적으로 자신의 거짓을 숨기기 위한 극단적인 감정의 표현으로서 내심 거짓말을 하고 있다는 것을 암시할 뿐이다.

경찰에서 참고인으로 출석하라는데 어떻게 하여야 하는가?

☞ 참고인은 경찰서에 출석할 의무가 없으나 경찰서에 가서 사실대로 진술하는 것이 국민의 기본 도리이다.

참고인은 출석의무가 없어

현행법상 참고인의 출석을 강제할 방법이 없다. 수사기관은 수사에 필요한 때에 참고인의 출석을 요구할 수 있을 뿐이지, 이에 응하느냐 여부는 전적으로 참고인의 마음에 달려 있다. 즉 참고인은 출석의무가 없다.

나중에 법원에서 참고인이 아닌 증인으로 소환될 수는 있어

경찰의 요구에 대하여 참고인이 출석하지 않을 수도 있으나, 경찰의 입장에서는 사건의 해결에 필요한 참고인을 꼭 조사하려 할 것이다. 따라서 경찰의 집요한 요청을 피해가기란 사실상 쉽지 않다. 뿐만 아니라 후에 법원에서 증인으로 소환할 가능성이 있다. 만일 법원이 증인으로 소환하면 이에 응하지 않을 방법은 없다. 개정 형사소송법은 증인이 소환에 응하지 않으면 과태료를 부과하거나 과태료를 받고도 정당한 사유 없이 출석하지 않을 경우 7일 이내의 감치(교도소, 구치소 또는 경찰서 유치장에 가두는 것)처분을 받을 수 있기 때문이다.

실체적 진실발견은 참고인을 통하여 실현될 수 있어

참고인은 수사의 협조자에 불과하므로 수사기관의 출석요구에 응할 의무가 없지만, 사회정의에 기여한다는 사명감의 차원에서 협조하는 것이 바람직하다. 참고인의 불출석으로 사건을 해결할 수 없다면, 실체적 진실을 밝히는 데 어려움을 가져와

결과적으로 범죄수사에 지장을 초래하기 때문이다. 따라서 스스로 출석하여 사실대로 진술하는 것이 국민의 기본 도리라고 여겨진다. 형사사법의 정의(실체적 진실의 발견)는 참고인을 통하여 실현될 수 있다.

참고인으로 출석요구를 받았으나 도저히 출석할 수 없는 형편인데, 혹시 우편으로 필요한 사항을 적어 보내면 안 되는가?

☞ 출석할 수 없는 사정을 설명하고 우편으로 진술할 수 있도록 해 달라고 요청하면 된다.

참고인조사를 받으려면 시간적, 정신적 부담이 커

참고인은 수사의 협조자로서 수사기관에 출석하여 진술할 도의적인 의무를 진다. 그러나 참고인으로서 수사기관에 출석하도록 요구당하는 사람의 입장에서는 시간적, 정신적 부담이 여간 큰 것이 아니다.

우편진술이 가능한 유형

이러한 점을 고려하여 수사기관은 우편에 의한 진술 가능성을 열어두고 있다. 대검찰청이 우편진술을 적극 활용하도록 하는 유형들을 보면 아래와 같다.

1) 고소, 고발사건 중 내용 자체가 허무맹랑하여 피의자신문을 하지 않아도 다른 수사자료만으로 불기소결정을 하는데 지장이 없는 경우
2) 양벌규정에 의하여 처벌되는 법인의 대표자와 같이 직접 행위자나 관련자의 조사와 기타 수사자료에 의하여 약식기

소 등 사건처리에 지장이 없는 경우

3) 교통사범, 폭력사범 등 전형적인 사건의 참고인(피의자)진술을 필요로 하는 경우

4) 해외취업사기, 계(契)사기 등 다수참고인(피해자)으로부터 동일 또는 유사한 유형의 진술을 요하는 경우

5) 기타 우편진술에 의하여도 사건처리에 지장이 없는 경우

우편진술은 그리 활성화되지 못한 편

실제로는 참고인에 대한 우편진술이 거의 활용되고 있지 못하다. 수사기관의 입장에서는 참고인을 직접 대면하여 조사함으로써 좀 더 확실한 심증을 얻기 원하기 때문이다.

우편진술서양식을 보내달라고 요청해야

그러나 생계를 위하여 직장을 도저히 비울 수 없다면 우편으로 진술하게 해 줄 것을 요청하여야 한다. 이를 위하여 일단 경찰서에 전화하여 자신이 출석할 수 없는 사정을 충분히 설명한 후 우편으로 진술하게 해 달라며 우편진술서양식을 보내달라고 한다. 우편진술서양식을 받으면 그 양식에 정해진 대로 자신이 보고 들은 것을 사실대로 기재하여 마지막 부분에 서명날인하는 방법으로 진술서를 작성한 후 우편으로 발송하면 된다.

경찰이나 검찰에서 범죄수사를 위하여 피의자의 출석을 요구한 경우 반드시 '지정한 일시'에 출석하여야 하는가?

☞ 부득이한 사정이 있는 경우 수사기관의 출석요구에 응하지 않아도 되지만, 수사기관과 협의하여 출석시간을 변경하는 것이 적절하다.

수사기관의 피의자 출석요구는 임의수사

법관이 발부한 영장의 제시 없는 피의자 출석요구는 수사기관인 검사나 사법경찰관이 피의자를 신문하기 위하여 일정한 장소에 출두하도록 요구하는 임의수사의 한 방법이다. 피의자 신문 자체가 강제수사가 아니라 임의수사이기 때문이다. 즉 수사기관이 피의자출석을 강제할 수 없으며, 피의자의 자발적 의사에 따라 출석여부가 결정된다. 출석요구의 방법은 서면, 전화, 모사전송 기타 상당한 방법으로 할 수 있다.

수사기관이 일방적으로 출석기일을 지정하여 통보하고 있어

실무상 수사기관은 대개 수사일정에 맞추어 출석일시를 일방적으로 지정하여 피의자에게 통보하고 있다. 피의자도 수사기관의 일방적 출석통지가 당연한 것으로 생각하는 경향이 있다. 그러나 급작스런 출석요구로 해당 일시에 도저히 출석할 수 없는 경우라면 수사기관과 출석일시에 대한 협의를 거쳐 변경하는 것이 좋다. 피의자신문이 임의수사라는 점에서 피의자나 수사기관이 서로의 입장을 고려할 필요가 있기 때문이다.

아무런 이유 없이 출석요구에 불응하다가는 체포영장이 발부될 수도 있어

그러나 참고인과 달리 범죄혐의를 받고 있는 피의자가 정당한 이유 없이 수사기관의 출석요구에 불응하면, 검사는 법원에 체포영장을 청구할 수 있다. 즉 수사기관은 정당한 사유 없이 계속 출석요구에 불응하는 피의자를 법원으로부터 체포영장을 발부받아 체포할 수 있다.

묵비권을 행사하여도 불이익이 없는가?

☞ 모든 피의자 및 피고인은 묵비권이 보장되기 때문에 수사기관의 질문에 대하여 진술할 의무를 지지 않는다.

묵비권이란

묵비권(默秘權)은 수사기관의 신문(訊問)에 대하여 진술을 거부할 수 있는 권리로 진술거부권이라고도 한다. 진술거부권은 형사상 불리한 진술을 강요당하지 아니할 헌법상의 기본권에 해당한다.

피의자신문을 받을 때 진술거부권이 고지되지 않았다면

대법원은 피의자가 수사기관으로부터 신문을 받으면서 미리 진술거부권을 고지받지 않은 경우 해당 피의자신문조서를 위법하게 수집된 증거로 보아 증거로 사용할 수 없도록 하고 있다(대법원 1992.6.23 선고, 92도682 판결).

진술을 거부하였다가 혹시 괘씸죄로?

수사관 앞에서 피의자는 혹시 진술을 거부하였다가 오히려 괘씸죄로 처벌받지는 않을까라는 불안감에서 진술거부를 하지 않고 넘어가는 경우가 많다.

수사기관은 피의자에게 진술거부권을 명확히 고지해야

진술거부권은 상대방이 명확히 이해하고 이를 행사하더라도 불이익을 입지 않을 것이라는 확신을 주는 방법으로 고지하여야 한다. 일반적으로 진술거부권은 피의자신문조서의 첫머리에 인쇄되어 있다. 검사작성의 피의자신문조서의 예를 보면 인정신문의 다음 순서에 "검사는 피의사건의 요지를 설명하고 검사의 신문에 대하여 형사소송법 제200조의 규정에 의하여 진술을 거부할 수 있는 권리가 있음을 알려준 다음 피의자를 신문한 즉 임의로 아래와 같이 진술하다."라는 문구가 있다. 그러나 아직도 수사기관의 진술거부권 고지는 형식적인 고지에 그치고 있는 경우가 많다.

개정 형사소송법은 진술거부권의 고지방법 및 절차를 구체화하고 있어

진술거부권의 고지가 형식적으로 이루어지는 실무관행을 시정하기 위해서 개정 형사소송법은 수사기관이 피의자에 대한 신문에 들어가기 전에 피의자가 1) 일체의 진술을 하지 아니하거나 개개의 질문에 대하여 진술을 하지 아니할 수 있으며, 2) 진술을 하지 아니하더라도 불이익을 받지 아니하며, 3) 진술을 거부할 권리를 포기하고 행한 진술은 법정에서 유죄의 증거로 사용될 수 있음을 반드시 고지하도록 규정하고 있다. 아울러 신문을 받을 때에는 변호인을 참여하게 하여 변호인의 조력을 받을 수 있다는 사실도 미리 고지하도록 하였다.

검찰청에서는 검사가 직접 사건을 조사하는가?

☞ 검찰청에서는 대개 검찰직원이 조사하는 것이 관례이고, 여기에 검사가 서명날인하면 검사가 작성한 조서로 된다.

원칙적으로 피의자신문은 검사가 직접 해야

형사소송법은 검사가 직접 피의자를 신문하도록 되어 있다. 다만, 이 경우 검찰수사관을 참여하도록 하고 있다. 검사의 피의자신문에 검찰수사관을 참여하게 하는 것은 신문과정의 공정성을 담보하기 위함이다.

현실은 검찰직원에 의한 피의자신문이 많아

실제로 검찰청에 가보면 대부분 사건을 검사가 직접 조사하지 않고 검찰직원인 검찰주사 혹은 검찰주사보가 조사를 하고 있다. 이와 같이 검찰직원이 검사의 명의로 피의자를 조사하는 것은 수사업무의 효율성과 편의성을 도모하기 위함이다. 그러나 이것은 수사관행일 뿐이며, 현행법상 이에 관한 근거규정은 없다.

검사작성의 피의자신문조서가 되려면

대법원은 검사가 주도적으로 핵심사항에 관하여 피의자를 신문하고, 검찰직원이 이를 토대로 조서를 작성할 때 검사가 동석하는 것을 조건으로 검찰직원이 작성한 조서를 검사 작성의 조서로 인정하고 있다(대법원 1984.7.10. 선고, 84도846 판결). 이에 반하여 검사가 조사실이 아닌 집무실에 있거나 다른 업무관계로 조사실이 아닌 다른 방실을 오가는 와중에 검찰직원이 주도적으로 피의자신문을 하였다면 이를 검사작성의 피의자신문조서로 보기 어렵다(대법원 1990.9.28. 선고, 90도1483 판결).

실무상으로는 크게 개의치 않아

그러나 실무상으로는 반드시 처음부터 끝까지 검사가 동석하지 않더라도 검사작성의 피의자신문조서로 인정하고 있다. 피의자가 검찰직원의 조사를 당연하게 생각하고 이에 대하여 이의를 제기하지 않는 것도 이러한 수사관행이 사라지지 않는 이유 중의 하나인 것 같다.

언론에 '입건'이라는 말이 자주 등장하는데 무슨 의미인가?

☞ 입건이란 범죄혐의를 받고 있는 용의자가 수사기관의 사건부에 공식적으로 등재되어 피의자의 신분이 되는 것을 말한다.

입건이란

입건(立件)이란 말은 영미법상의 booking에 해당하는 용어로 '장부에 등재하는 일'을 의미한다. 다시 말하여 경찰, 검찰 등의 수사관서에서 범죄혐의자들을 시간적 일련 순서대로 사건부에 등재하는 것을 말한다. 이때 장부의 일련번호가 이른바 사건번호인 것이다. 이를테면 2007년 들어 1,000번째로 사건부에 등재되었다면 '2007년 형제1,000호'가 당해 사건의 사건번호가 된다. 사건번호는 사람으로 보면 특정인의 성명과 같은 것이다.

입건과 범죄혐의

입건 자체의 의미는 정식으로 피의자[7] 신분이 되었음을 의미하지만, 그렇다고 하여 반드시 범죄혐의가 인정된다는 뜻은 아니다. 유죄의 의심이 있는 자를 입건한 후 수사를 거쳐 범죄혐의가 인정되면 검사가 공소를 제기하여 법원의 재판을 받게 되고 그 결과 유·무죄가 가려지게 되는 것이다.

---

7) 피의자와 피고인의 차이점은 다음과 같다. 피의자는 경찰, 검찰 등에 입건되어 검사 및 사법경찰관의 수사대상자가 된 사람을 뜻하고, 피고인은 피의자의 범죄혐의가 인정되어 검사가 공소를 제기한 자로서 현재 법원에서 형사재판을 받고 있는 자를 말한다. 그리고 범죄혐의를 받고 있지만 아직 입건되기 전이라면 피의자가 아니라 용의자라고 부른다.

불구속 입건이란

간혹 방송 등에서 "서울중앙지검 특수부는 ○○○에 대하여 ×× 혐의로 불구속 입건하였다"라는 말이 곧잘 등장한다. 여기서 불구속입건이란 말은 수사기관이 범죄혐의를 받고 있는 자를 피의자의 신분으로 본격적으로 수사하기 시작했지만, 그를 구속하지 아니하고 불구속 상태로 수사하겠다는 의미이다.

수사기관이 몰래 개인의 집 전화를 도청할 수 있는가?

☞ 수사기관에서 비공식적으로 개인에 대한 도청을 할 수는 없고 만약 범죄혐의가 포착되면 법원의 허가를 얻어서 감청할 수는 있다.

도청과 감청

도청(盜聽)은 몰래 엿듣는 것을 의미하는 말로 불법적인 의미로 사용되는 용어이고, 감청(監聽)이란 법원으로부터 통신제한조치의 허가를 얻어 타인의 전기통신장치의 내용 등을 알아내는 것을 말한다.

감청을 허가할 수 있는 경우는

감청에 대하여는 통신비밀보호법이나 형사소송법 또는 군사법원법의 규정에 의하지 아니하고는 전기통신의 감청 등을 하지 못하도록 하고 있다. 즉 수사기관이 비교적 중하다고 생각되는 특정범죄(뇌물죄 등)의 수사를 위하여 범행을 계획 또는 실행하고 있거나 실행하였다고 의심할 만한 충분한 이유가 있고 다른 방법으로는 그 범죄의 실행을 저지하거나 범인의 체포 또는 증거의 수집이 어려운 경우에 한하여 감청이 허가되고 있다.

감청의 청구

수사기관이 통신제한조치를 함에는 통신제한조치를 받을 당사자의 관할 법원에 청구하여 허가를 받아서 하도록 하고 있다. 수사기관이든 일반인이든 법원의 허가를 얻지 아니하고 전기통신의 감청을 한 경우에는 10년 이하의 징역과 5년 이하의 자격정지에 처하고 있다.

거짓말탐지기의 검사결과가 어느 정도 사건에 영향을 미치는가?

☞ 거짓말탐지기 검사결과는 단지 검사를 받는 자의 진술의 신빙성을 추론하는 정황증거로서의 역할을 하는 데 불과하다.

거짓말탐지기 검사란

거짓말탐지기는 사람이 거짓말을 할 때 일어나는 불안 심리로 인하여 야기되는 호흡, 피부전류저항, 혈압 및 맥박 등의 변화를 기록하여 피검사자의 범죄에 대한 거짓진술 등의 심리상태를 추론하는 과학적 수사기법 중의 하나이다. 오늘날 과학수사로서 가장 활발히 사용되고 있는 대표적 기법이 거짓말탐지기 검사라고 할 수 있다.

검사결과를 증거로 사용하는 데 아직 소극적

거짓말탐지기검사는 기구의 성능, 조작기술 등의 신뢰도가 높다고 인정되고, 검사자가 적격자이며, 검사를 받는 사람이 검사에 동의하고, 검사서가 검사자 자신이 실시한 검사의 방법, 경과 및 그 결과를 충실하게 기재했다는 등의 전제조건이 확인되는 경우에만 증거능력이 있다. 그러나 위와 같은 조건이 모두 충족되어 증거로 사용될 수 있어도 그 검사결과는 검사를 받는 사람의 진술의 신빙성을 가늠하는 정황증거로서의 기능을 하는 데 그치고 있다(대법원 1987.7.21. 선고, 87도968 판결).

'치과의사 모녀 살인사건'에서 본 거짓말탐지기 검사의 결과

'한국판 O.J. 심슨 사건[8]'으로 불리며 세인들의 이목을 집중시켰던 '치과의사 모녀살인사건'에서 대법원은 "…피고인에 대한 거짓말탐지기 검사결과 등 피고인의 진술에 신빙성이 부족하다는 점을 더하여 보아도 이 사건에 제출된 증거만으로는 합리적인 의심의 여지없이 공소사실을 유죄로 판단할 수 없다." (대법원 2003.2.26. 선고, 2001도1314 판결)라고 함으로써 거짓말탐지기의 검사결과를 증거로 인정하지 않았다.

피의자로서 수사기관에서 조사를 받은 후 서명날인을 할 때 유의해야 할 점은 무엇인가?

☞ 조서에 서명날인을 하기 전에 조서의 내용을 확인하고 자신이 진술한 것과 다른 내용이 있다면 즉시 수정을 요구하여야 한다.

신문종료 후 조서열람의 기회를 주어야

피의자에 대한 조사를 마치면 피의자의 서명날인에 앞서 조사를 한 검사 및 사법경찰관은 조서를 피의자에게 열람하게 한

8) O.J. 심슨사건: 이혼한 아내 및 그의 정부(情婦)를 살해하였다는 혐의를 받고 있던 미식축구 선수였던 O.J. 심슨은 사건현장에서 채취된 DNA가 그의 것과 일치하는 등 검사측에서는 범인일 가능성이 99% 이상이라고 하였으나 사건발생으로부터 1년 후인 1995년 10월 3일 결국 배심원들로부터 무죄평결을 받고 풀려났다.

후 잘못된 기재가 있는지 여부를 묻고, 만일 피의자가 증감변경의 청구를 하면 그 진술을 조서에 기재하도록 되어 있다. 이에 따라 피의자신문조서의 마지막 부분에는 "위 조서를 진술자에게 열람하게 하였던바, 진술한 대로이고 오기나 증감 변경할 것이 전혀 없다고 말하므로 간인 후 서명 날(무)인케 하다"라는 문구가 적혀 있다.

피의자신문조서의 중요성

피의자신문조서야말로 법원에서 범죄성립여부를 판단하거나 형량을 정하는데 있어서 매우 중요한 증거가 된다. 따라서 피의자의 입장에서는 서명날인 이전에 반드시 조서의 내용을 확인하고 자신이 진술한 것과 다른 내용이 있다면 즉시 수정을 요구하여야 한다. 그런데 경찰이 작성한 피의자신문조서는 법정에서 피의자가 그 내용을 부인하면 증거로 사용할 수 없다. "경찰작성조서는 법정에서 부인하면 휴지조각에 불과하다"는 말도 여기서 나왔다. 반면, 검사가 작성한 피의자신문조서는 피의자가 법정에서 그 내용을 부인하더라도 피의자의 서명날인이 본인의 것이 틀림없고 그 내용이 진술한 대로 기재되어 있는 경우라면 증거로 사용될 수 있다. 개정 형사소송법은 영상녹화물이나 그 밖의 객관적인 방법에 의하여 검사작성의 피의자신문조서에 기재된 진술이 피고인이 진술한 내용과 동일하게 기재되어 있는지 여부를 증명하는 방법으로 활용할 수 있게 하였다.

피의자신문조서의 열람 및 증감변경청구권은 피의자의 정당한 권리

피의자신문을 받은 사람은 우선 자신이 진술한 조서의 내용을 열람할 수 있게 해 달라고 요구하여야 한다. 조서내용이 잘못된 경우 법정에서 다투기보다는 이처럼 미리 요구하여 수정하는 것이 더 바람직하다. 만일 피의자가 조서열람을 요구하는데도 수사기관이 이에 응하지 않으면 서명날인을 거부하면 된다. 뿐만 아니라 조서의 열람기회는 제공받았으나 그 내용이 피의자가 진술한 바와 다르기 때문에 그 수정을 요구하는데도 경찰관이나 검사가 이를 묵살하면 역시 서명날인을 거부해야 한다. 그리고 조서열람의 기회를 제공받지 못한 사실 및 경찰관이나 검사가 내용변경의 요청에 대하여 이를 거부한 것을 법정에서 문제삼으면 된다. 피의자신문조서의 열람 및 증감변경청구권은 피의자의 정당한 권리이다. 더욱이 개정 형사소송법은 피의자에게 적극적으로 의견을 진술할 권리를 부여하였고, 조서내용에 대한 이견이 없을 때는 그 사실을 조서에 자필로 기재하도록 함으로써 진술의 임의성을 보장하고 있다.

현재 수사가 진행중인 사건을 피의자 자신의 직장 근처의 경찰서로 이송요청 할 수 있는가?

☞ 피의자의 거소 또는 현재지도 사건의 관할로 인정되기 때문에 직장 주소지가 주민등록상의 주소지와 많이 떨어져 있는 경우라면 이를 설명하는 서면을 제출하면서 사건이송요청을 하면 된다.

형사사건의 관할

형사사건의 법원관할은 범죄지, 피고인의 주소지, 거소지[9] 또는 현재지로 되어 있다. 피의자에 대한 수사도 법원의 관할

9) 거소지란 사람과 장소의 관계가 주소만은 못하나 사람이 얼마동안 계속하여 거주하는 장소로, 민법은 주소를 알 수 없는 경우와 국내에 주소가 없는 자에 대하여는 거소를 주소로 보고 있다.

에 따라 그 관할법원에 대응하는 검찰청에서 처리하여야 하며, 경찰서의 관할도 법원에 대응하는 검찰청의 관할 경찰서이다.

실무상으로는 보통 피의자의 주소지를 기준으로 사건을 처리

① 피의자의 주민등록상 주소지를 기준으로

현행범사건을 제외한 대부분의 형사사건은 피의자의 주민등록상 주소지를 기준으로 처리하고 있는 것이 실무현실이다. 예를 들어 고소사건에 있어 피고소인이 근무하는 곳이 서울 서초구 서초동이라면 서초경찰서의 관할사건이 될 수도 있으나, 그의 주민등록상 주소지를 관할하는 곳이 서울 송파구 잠실동인 경우 서초경찰서에서 고소장을 접수하지 않으려 할 것이다. 관할이 아닌 경찰서에서 고소장을 접수하지 않고 피의자의 주소지 관할경찰서에 접수하도록 안내하는 이유는 사건처리의 번잡함을 피하기 위함이다.

② 거소지 및 현재지 예외 인정

그러나 예외적으로 피의자의 주소지가 아닌, 그의 거소지 또는 현재지를 기준으로 하는 경우도 있다. 예를 들어 기업의 직원이나 공무원이 범죄혐의자인 경우 그 기업 및 관공서의 소재지를 관할하는 경찰서가 사건을 처리하기도 한다.

③ 고소인의 주소지

간혹 고소인들 중에는 자신의 거주지 경찰서나 검찰청에 고소장을 제출하는 경우가 있는데, 대개의 경우 범죄혐의자의 주소지 관할 경찰서나 검찰청에 제출하도록 권유하고 있다. 수사할 대상이 고소인이나 피해자가 아니라 피의자인 까닭이다.

사건이송요청의 사유는 구체적으로 설명하여야

만일 피의자가 서울 서초구에 주민등록상의 주소지를 두고 있지만, 직장관계로 부산 해운대구에서 생활하고 있는 와중에 서울서초경찰서에 고소를 당하였다면, 피의자는 현재의 거소지가 부산이므로 '사건이송요청서'를 서울 서초경찰서에 제출하면 된다. 즉 부산 해운대구에서 거주하는 사실 및 그 곳에서 좀더 생활해야 하는 이유 등을 밝히고, 부산에서 조사를 받으면 더 쉽게 조사에 응할 수 있다는 점을 구체적으로 설명한 다음 사건을 부산 해운대경찰서로 이송하여 달라고 요청하면 된다. 그렇게 되면, 서울 서초경찰서는 관할 검찰청인 서울중앙지검의 검사로부터 이송허가를 받아 당해 사건을 부산 해운대경찰서로 이송하여 처리케 할 것이다.

범칙금 50,000원을 납부하지 않아 즉결심판에 출석하라는 통지서가 왔는데 반드시 출석해야 하는가?

☞ 이 경우 즉결심판을 통해 피고인에게 벌금 또는 과료가 선고될 것이므로 범칙금 50,000원의 1.5배인 75,000원을 경찰서장이 정하는 금융기관에 예납하고, 그 영수증을 첨부하여 법원에 불출석심판을 청구하면 된다.

즉결심판의 대상이 되는 범죄는

즉결심판은 20만원 이하의 벌금, 구류 또는 과료에 처할 경미범죄를 대상으로 신속하게 재판을 할 수 있도록 만든 특별절차이며, 대체로 경범죄처벌법 위반사범이나 교통법규 위반사범이 그 대상이 되고 있다.

즉결심판에도 피고인이 출석하여 소명할 수 있는 기회는 있어

즉결심판도 공판사건과 마찬가지로 피고인의 출석이 심리개시 및 재판진행의 요건이다. 따라서 피고인이 즉결심판에 출석하지 않으면 원칙적으로 심리할 수 없음은 공판절차와 크게 다를 바 없다. 즉결심판의 경우에도 피고인은 법정에 출석하여 법관에게 소명할 수 있는 기회가 있다.

벌금(과료)을 선고할 때는 피고인의 출석 없이도 심판할 수 있어

벌금 또는 과료를 선고하는 경우에는 피고인이 출석하지 않더라도 심판할 수 있다. 인신구속이 이루어지는 자유형에 해당하는 구류를 선고하는 경우가 아니라면, 피고인이 출석하지 않더라도 재판을 진행할 수 있다. 즉결심판출석통지서를 받은 자는 법원에 불출석심판을 청구하고, 법원이 이를 허가한 때에는 피고인이 출석하지 아니하더라도 심판할 수 있다.

불출석심판은 법원의 허가를 얻어야

불출석심판을 청구하기 위해서는 통고처분에 의하여 납부하여야 할 범칙금의 1.5배액을 예납하고, 소정 서식에 의한 불출석심판청구서를 제출하여야 한다. 이 경우 법원은 특별한 사정이 없는 한 불출석을 허가하고 있다.

불출석심판을 허가하지 않는 경우도 있어

철도법 혹은 향토예비군설치법 위반사건으로서 그 죄질이 중하거나 범행이 상습적으로 이루어진 경우에는 불출석심판을 허가하지 아니한다. 불출석심판을 허가하지 아니한 때에는 다시 즉결심판기일을 정하여 피고인을 소환하여야 한다. 만약 소환에 응하지 않으면 영장에 의하여 구인될 수 있다.

출국금지는 어떤 경우에 하는가?

☞ 출국금지는 범죄혐의자 등에 대하여 출입국관리법이 정한 요건에 해당하는 경우 출국을 금지하는 처분이며, 범죄혐의가 없다는 사실이 인정되어야만 해제된다.

어떤 경우에 출국금지를

출국금지에 대하여는 출입국관리법이 규정하고 있다. 출국금지사유는 다음과 같다.

1) 범죄의 수사를 위하여 그 출국이 부적당하다고 인정되는 자
2) 형사재판에 계속 중인 자
3) 징역형 또는 금고형의 집행이 종료되지 아니한 자
4) 법무부령이 정하는 금액 이상의 벌금 또는 추징금을 납부하지 아니한 자[10)]
5) 법무부령이 정하는 금액 이상의 국세·관세 또는 지방세를 정당한 사유 없이 그 납부기한까지 납부하지 아니한 자[11)]
6) 그 밖에 1)~5)에 준하는 자로서 대한민국의 이익이나 공공의 안전 또는 경제질서를 해할 우려가 있어 그 출국이 부적당하다고 법무부령이 정하는 자

출국금지의 해제는

출국금지기간 중이라도 출국금지사유가 소멸한 때에는 지체 없이 법무부장관에게 출국금지의 해제를 요청하도록 하고 있다.

---

10) 법무부령인 출국금지업무 처리규칙은 벌금은 1천만원, 추징금은 2천만원으로 하고 있다.

11) 법무부령인 출국금지업무 처리규칙은 5천만원으로 하고 있다.

법무부장관은 다음과 같은 경우 직권으로 출국금지를 해제할 수 있다.

1) 출국금지처분을 받는 자의 여권이 여권법에 따라 반납되었거나 몰취된 때,
2) 유효한 여권을 소지하지 아니한 자로서 여권발급이 제한되어 있어 해외도피 우려가 없다고 인정되는 때,
3) 출국금지처분을 받은 자가 그 처분으로 말미암아 생업유지가 어렵다고 인정되는 때,
4) 출국금지처분이 그 당사자에게 회복하기 어려운 중대한 손해를 끼칠 우려가 있는 때,
5) 출국금지사유가 소멸되었다고 인정되는 때,
6) 기타 인도적인 사유로 출국금지를 해제할 필요가 있다고 인정되는 때.

출국금지에 대한 이의신청은

출국금지결정을 통지받은 자는 이를 받은 날부터, 통지를 받지 못한 자는 이를 안 날부터 10일 이내에 법무부장관에게 이의를 신청할 수 있다. 법무부장관은 이의신청이 이유 있다고 인정할 때에는 지체 없이 출국금지를 해제하도록 하고 있다. 이의신청사유는 출국금지사유가 존재하지 않거나 소멸된 경우 또는 법무부장관이 직권으로 이를 해제할 수 있는 경우 등이다.

출국금지 사실은 본인에게 통보하도록 되어 있어

일반적으로 출국금지의 사실은 본인에게 통보하도록 되어 있다. 그러나 그 결정의 통지로 인하여 수사에 중대한 장애가 생길 우려가 있는 경우에는 통지하지 아니할 수 있다.

수사기관의 수사 중이거나 법원의 재판계속 중이라도 해외출국이 가능한가?

☞ 검찰청 민원실에서 출국가능사실증명원을 발급받아 이를 경찰청에 제출하면 된다.

수사나 재판중인 자의 출국금지

범죄수사를 위하여 그 출국이 부적당하다고 인정되는 자나 형사재판 중인 자에 대하여는 출국을 금지할 수 있다. 즉 수사나 재판의 방해 목적으로 피의자 및 피고인이 해외로 출국해 버릴 가능성이 있을 때 출국금지처분을 내릴 수 있다. 그러나 수사 중이거나 재판 중이라는 이유만으로 모두 출국금지를 하는 것은 아니다. 출국금지처분이 내려지지 않은 상황이라면 언제든지 해외출국이 가능하다.

경찰의 신원조사

해외여행을 하고자 하는 자에 대하여는 보안업무규정(대통령령 10478호)에 따라 국가보안의 목적으로 경찰청의 신원조사가 행하여지고 있다. 여권 발급과정에서도 경찰청의 신원조사가 이루어진다.

수사 · 재판중인 경우에도 출국이 가능해

수사를 받고 있는 때에는 검찰청 민원실에 청구하여 사건 담당검사의 출국가능사실증명원을 발급받아 경찰청에 제출하면 해외출국이 가능하다. 재판 중인 때에는 먼저 해당 재판부로부터 여행허가서증명원을 발급받은 후 이를 검찰청에 제출한 후 검찰청에서 출국가능사실증명원을 발급받아 제출하여야 한다.

이 경우 민원담당검사가 출국여부를 결정하며, 특별한 사유가 없는 한 법원의 의사를 존중하여 발급해 주는 것이 관례다.

검사가 사건을 종결하면서 '기소'했다는 뜻이 무엇인가?

☞ '기소'란 공소제기의 준말로서 검사가 피의자를 수사한 결과 유죄판결을 받기에 충분한 범죄혐의가 인정되어 법원의 심판을 구하는 행위를 말한다.

기소(공소제기)란

기소(공소제기)란 검사가 피의자를 수사한 결과 유죄판결을 받기에 충분한 범죄혐의가 인정될 때 법원의 심판을 구하는 소송행위다. 공소제기의 방식으로는 공판절차를 요구하는 정식기소가 있고, 서면심리를 요구하는 약식기소가 있다. 전자는 공판절차를 요구한다는 점에서 실무상 '구공판'이라고 하고, 후자는 약식절차를 요구한다는 점에서 '구약식'이라고 한다.

공판절차를 구하는 공소제기

① 구속구공판

피의자를 구속한 상태에서 공소를 제기하는 것을 실무상의 용어로 '구속구공판'이라고 한다. 구속구공판(拘束求公判)이란 문언 그대로 법원에 대하여 피의자를 구속한 상태로 공판을 청구한다는 의미이다.

② 불구속구공판

피의자를 불구속의 상태에서 공소를 제기하는 것을 실무상으로 '불구속구공판'이라고 한다. 불구속구공판(不拘束求公判)이라는 용어는 법원에 대하여 피의자를 구속하지 아니한 상태에서 공판을 청구한다는 의미이다.

공판절차상의 구형(求刑)

구형이란 최종공판기일에 검사가 법원에 대하여 피고인의 형량을 청구하는 것이다. 검사의 구형을 법원이 전적으로 무시할 수는 없고, 향후 선고될 형량을 어느 정도 가늠해 볼 수 있다. 검사의 구형은 일반적으로 구속구공판사건의 경우 '징역 ○년'의 형태로, 불구속구공판사건의 경우 '징역 ○년'[12]이나 '징역 ○년 집행유예 ○년'의 형태로 나타나는 경향이 있다.

검찰청에서 '약식기소'가 되었다는 말을 들었는데, 이것이 무슨 의미인가?

☞ 약식기소는 검사가 법원에 대하여 정식의 공판절차가 아닌 서면재판을 청구하는 것을 의미하며, 대개 벌금형에 처할 것을 내용으로 하는 기소를 말한다.

약식명령의 청구

검사가 공소를 제기함에 있어서 약식명령의 형태로 형을 부과해 줄 것을 청구하는 경우가 있다. 이를 실무상 용어로 '구약식기소'라고 한다. 즉 구약식기소(求略式起訴)란 정식의 공판절차를 생략하고 간이한 방식(서면심리)으로 법원의 판단을 구하는 것을 말한다. 이를 공개된 법정에서의 정식재판을 의미하는

12) 불구속된 상태로 기소되면 '징역 ○년 집행유예 ○년'이라는 형태로 선고되는 것이 일반적이다. 그러나 이와 달리 '징역 ○년'과 같이 실형을 선고받으면 법원에 의하여 구속되는 것을 의미하는데, 실무상 이를 '법정구속'이라 한다.

공판절차와 비교하여 약식재판이라고 한다.

약식기소가 되면 주로 벌금형이 선고됨

약식명령을 청구하는 약식기소는 검사가 법원에 대하여 벌금, 과료 또는 몰수의 형에 처할 것을 구하는 것인데 대부분 벌금형이 선고된다.

4

체포와 구속

경찰관이 아니라도 현행범을 체포할 수 있는가?

☞ 누구든지 현행범을 체포할 수 있다.

현행범이란

현행범이란 범죄의 실행 중에 있거나 실행을 방금 마친 사람을 말한다. 또한 '범인으로 불리면서 추적되고 있는 자', '훔친 물건을 소지하고 있거나 범죄행위를 한 것으로 의심되는 흉기 등을 소지하고 있는 자', '신체 또는 옷에 뚜렷한 흔적이 있는 자', '누구인지 묻자 도망하려 하는 자'는 준현행범으로서 현행범과 동일하게 취급하고 있다.

누구든지 현행범을 체포할 수 있어

원칙적으로 사법경찰관이나 검사만이 판사가 발부한 영장에 의거하여 범죄혐의자를 체포할 수 있다. 그러나 현행범의 경우에는 누구든지 영장 없이 체포할 수 있다. '누구든지' 현행범을 체포할 수 있으므로 경찰관이 아닌 사인(私人)도 현행범을 체포할 수 있다.

체포과정에서 과도한 폭력행사는 곤란

체포하는 과정에서 행사되는 강제력은 어디까지나 체포를 위하여 필요한 정도를 벗어나서는 안 된다. 사회통념에 비추어 과도한 폭력행사는 허용되지 않는다.

사인(私人)이 현행범을 체포하면 즉시 경찰에 인계해야

사인이 현행범을 체포한 때에는 즉시 그를 수사기관에 인도하여야 한다. 만일 즉시 인계하지 않는다면 불법적인 체포・감금행위에 해당될 수도 있다. 현행범에 대한 체포 이외의 법익침해행위는 허용되지 않기 때문이다. 또한 사인의 경우 현행범을 체포할 의무는 없지만, 그를 일단 체포하면 자기 마음대로 풀어 주어도 안 된다. 임의로 풀어 주게 되면, 도주 교사・방조죄가 성립될 수 있음을 유의해야 한다.

중한 범죄를 저지르면 무조건 구속되는가?

☞ 혐의를 받고 있는 범죄가 중하다고 해서 무조건 구속되지는 않는다. 도주나 증거인멸의 우려가 있어야 구속할 수 있다. 다만, 범죄의 경중은 도주나 증거인멸의 우려가 있는지 여부를 심사하는 데 있어서 중요한 판단기준이 된다.

구속 자체는 형벌이 아니다

구속은 수사나 재판을 진행함에 있어서 범죄혐의자의 출석을 보장하고 그가 증거를 없애거나 조작하는 것을 방지하고, 재판이 확정되었을 때의 형벌집행을 위한 목적으로 사용된다. 수사나 재판을 진행하기 위해 불가피한 경우에 한하여 피의자나 피고인의 신병을 확보하는 수단으로 구속이 이루어진다. 구속 자체는 형벌이 아니며, 구속된 피의자나 피고인에게도 무죄추정의 원칙이 적용된다. 이러한 취지에서 개정 형사소송법은 '불구속수사의 원칙'을 천명하고 있다.

판사의 영장실질심사를 받을 기회가 있어

영장청구를 받은 판사는 구속의 사유를 판단하기 위하여 구속영장이 청구된 피의자를 심문할 수 있다. 이러한 피의자에 대한 판사의 사전심문을 구속영장실질심사라고 부른다. 따라서 구속영장이 청구된 피의자는 법관에게 직접 구속의 부당함을 말할 기회가 있다.

법정 구속사유는

법이 정한 구속사유는 유죄판결을 받기에 충분한 범죄혐의가 있고, 증거를 인멸할 우려가 있거나 도주의 우려가 있는 때이다. 예를 들어 유력한 범죄혐의자가 도주할 가능성이 있거나 증거를 인멸할 우려가 있는 경우에 한하여 구속할 수 있는 것이다.

실무에서는 죄의 경중에 따라 구속여부를 정하는 경향이 있어

혐의를 받고 있는 범죄가 중하다고 해서 모두 구속사유에 해당하지는 않는다. 그러나 실무에서는 중한 범죄에 대한 혐의가 있는 경우 도주나 증거인멸의 우려가 높다고 판단하여 구속영장을 청구하는 경향이 많다.

범죄의 중대성은 법원이 구속사유를 심사할 때 고려해야

개정 형사소송법은 법원이 구속사유를 심사할 때 '범죄의 중대성, 재범의 위험성, 피해자 및 중요 참고인 등에 대한 위해우려 등'을 반드시 고려하도록 했다. '범죄의 중대성'이 구속의 사유는 아니지만, 구속사유를 심사함에 있어서 고려해야 할 사항이 된 것이다. 구속사유의 존부, 즉 도주나 증거인멸의 우려가 있는지 여부를 판단함에 있어서 혐의를 받고 있는 범죄의 경중도 고려해야 한다는 뜻이다. 지금까지 구속사유를 판단할 때 사안의 중대성이나 재범의 위험성 등을 고려해 오던 실무관행을 개정 형사소송법에 반영한 것이다.

수사기관에 구속되면 그 가족들은 어떻게 대처하여야 하는가?

☞ 먼저 구속을 한 경찰서 등에 가서 구속이유를 알아보고 범죄혐의가 어느 정도인지 정확하게 살펴본 이후에 어떻게 할 것인지의 여부를 결정하는 것이 좋다.

갑작스런 구속으로 인한 당황스러움

범죄혐의를 받고 있는 사람이 경찰이나 검찰에 구속되면 그 가족들은 어떻게 대처해야 할지 몰라 당황하게 된다. 그럴 때면 여기저기 알 만한 사람들에게 물어보고 도움을 받으려 한다. 그렇지만 대개 그들로부터 듣는 대답은 서로 일치되지 않고 달라서 어떤 말대로 해야 될지 더 혼란스러운 경우가 생기기도 한다. 말하는 사람마다 판단기준이 서로 다르기도 하고 때로는 형사절차를 제대로 이해하지 못한 채 상식선에서 말해주는 경우가 있기 때문이다.

가족들에게 구속의 통지가 이루어져

수사기관은 피의자를 구속하면 그에게 변호인이 있는 경우에는 변호인에게, 변호인이 없는 경우에는 피의자의 가족 중 피의자가 지정한 자에게 사건명, 구속일시·장소, 범죄사실의 요지, 구속의 이유와 변호인을 선임할 수 있는 취지를 서면으로 통지하게 된다. 이는 기소된 이후 구속한 피고인에 대해서도 마찬가지이다. 따라서 구속으로 인하여 사람의 행방이 묘연해지는 경우는 없어졌다. 오히려 구속의 통지 이전에 그 가족들이 이미 그 사실을 알게 되는 경우가 태반이다.

내 가족 중 한 사람이 구속된다면

① 먼저 왜 구속되었는지, 그리고 어떤 범죄혐의를 받고 있는지 파악한다.

수사기관에 구속되면 일단 가족들은 왜 구속되었으며 혐의를 받고 있는 범죄의 내용이 어느 정도 무거운지를 정확하게 아는 것이 중요하다. 정확한 정황 파악은 향후 적절한 대처를 가능하게 해주기 때문이다. 잘 모르고 사태를 해결하려고 한다면, 그 해결과정에서 종종 사건브로커들에게 당하는 경우가 있다.

② 피해자가 있으면 합의에 노력을 기울인다.

피해자가 있으면 우선 그와 합의를 시도하여야 한다. 합의서는 경찰서에 제출하거나, 경찰이 검찰에 영장을 신청해 놓은 단계이면 검찰청에 제출해야 한다. 그리고 검찰이 이미 법원에 영장을 청구해 놓은 단계이면 법원에 합의서를 제출해야 한다. 피해자와의 합의서가 제출되면 검사가 구속영장을 청구하지 않거나 법원이 이를 기각할 가능성이 크다. 그러나 합의를 해야 한다는 강박감에 빠져서 자칫 억울한 합의를 할 수도 있으므로 범행정황과 피해상황을 정확하게 파악하여 신중하게 합의를 볼 필요도 있다.

③ 체포·구속적부심사 또는 보석을 청구한다.

아직 검찰에서 기소하지 않은 상태라면 체포·구속적부심사를 청구하고, 기소한 이후라면 보석신청을 할 수 있는지 알아보는 것이 좋다.

④ 체포·구속적부심이나 보석이 안 되면 집행유예의 판결을 기대해 본다.

체포·구속적부심이나 보석을 청구하였지만 석방이 이루어지지 않으면, 제1심 재판에서 실형이 아닌 집행유예 선고를 받도록 노력할 필요가 있다. 만일 피해자와 합의가 안 되었으면 일차적으로는 합의를 볼 수 있도록 최선의 노력을 기울이고, 구속된 자의 정상을 참작할 만한 유리한 자료(선행으로 상을 받은 사실, 사회봉사실적 등), 가족·직장 동료들의 탄원서 등을 제출하는 것도 도움이 될 수 있다.

⑤ 구속되더라도 변호인 선임은 신중히 결정하는 것이 좋다.

구속이 되면 일단 변호인부터 선임하는 경우를 흔히 볼 수 있다. 그러나 우선 구속이유 및 범죄혐의가 어느 정도인지를 정확하게 파악한 후에 어떻게 대처해야 할 것인지를 결정하는 것이 합리적인 태도이다. 구속사건에서의 변호인 수임료가 일반사건에 비하여 턱없이 높은 현실을 감안하면 특히 그렇다. 형사절차에 관한 어느 정도의 지식이 있으면 결과예측이 가능하기 때문에 변호인선임은 신중하게 결정해야 한다. 또한 유명한 변호인이라고 해서 '만능해결사'는 아니라는 점을 인식해야 한다.

제1심 변호인으로 선임하였는데, 항소하면 다시 변호인선임약정을 해야 하는가?

☞ 제1심에서 선임한 변호인은 당해 심급(제1심)에서만 효력이 있다. 따라서 항소심에서는 제1심의 변호인과는 별개로 변호인을 선임하여야

한다.

변호인 선임의 효력

일부 사람들은 변호인[13]을 한 번 선임하면 제1심, 제2심(항소심), 제3심(상고심)에 관계없이 재판이 완전히 끝날 때까지 변호해 주는 것으로 알고 있다. 그러나 변호인의 선임은 제1심, 제2심, 제3심의 각 심급(審級)마다 '변호인선임신고서'(보통 '변호인선임계'라고 함)를 수사기관이나 법원에 제출하도록 되어 있다. 즉 사건이 제2심 또는 제3심으로 진행될 때는 제1심에서 선임한 변호인의 효력이 지속되는 것이 아니라, 제2심 또는 제3심에서 변호인선임약정을 다시 해야 한다. 변호인선임계약의 효력은 변호인선임신고서를 수사기관이나 법원에 제출할 때 효력이 발생하여 당해 심급이 확정될 때까지 유효하다.

공소제기 전의 변호인선임의 효력은 제1심 종료시점까지 유지

공소제기 전의 변호인선임은 제1심이 끝날 때까지 유효하다. 따라서 경찰이나 검찰 등의 수사과정에서 피의자가 선임한 변호인은 제1심판결이 확정될 때까지 효력이 있다. 가끔 수사단계에서 수사종결시점까지만 변호인선임약정을 하는 예가 있다. 이것은 일반적인 변호인선임의 형태는 아니며, 특수한 형태의 변호인선임이라고 할 수 있다. 현실적으로 이와 같은 변호인선임약정은 검사의 영장청구나 법원의 영장발부단계에서 영장기각만을 조건으로 선임약정을 체결하는 이른바 '조건부약정'의 형태로 나타난다. 이와 같은 조건부약정은 때로 세칭 '전화변

---

13) '변호인'은 피의자 및 피고인 등과 정식으로 소송위임계약을 체결한 변호사로 실제로 해당 소송에 관여하는 자를 말한다. 이와 달리 '변호사'는 국가에서 실시하는 사법시험에 합격하여 소정의 연수과정을 마친 뒤 국가에서 부여하는 자격증의 소지자를 말한다.

론' 혹은 '방문변론' 등의 방법으로 행해져 변호인선임신고서를 제출하지 않는 경우가 있다. 이러한 변호인선임약정이 탈세 등의 불법행위와 관련되어 가끔 사회적으로 물의를 빚기도 한다. 조건부약정의 경우 변호인과 의뢰인 간의 약정대로 선임의 효력이 유지되는 것은 물론이다.

약식절차 변호인선임약정은 정식재판을 청구한 경우에도 그 효력이 유지

검사가 약식명령을 청구한 사건에 대하여 피고인이 정식재판을 청구하거나 법원이 직권으로 정식재판에 의할 것을 결정할 수 있다. 이 경우 이미 변호인이 있는데도 불구하고 또다시 변호인을 선임해야 하는지가 문제된다. 그러나 약식절차와 제1심 공판절차는 동일한 심급의 소송절차로 보기 때문에 약식절차의 변호인이 당연히 정식재판(제1심 공판절차)에서도 변호인의 지위를 가진다.

국선변호인의 도움을 받으려 하는데 어떻게 하면 되는가?

☞ 법원에 국선변호인의 선임을 청구하면 된다.

사선변호인과 국선변호인

일반적으로 변호인이라 함은 피의자 및 피고인이 일정한 금액을 지불하고 선임한 사선변호인(私選辯護人)을 말한다. 즉 사선(私選)이란 개인적으로 선임한다는 의미이다. 반면, 국선변호인(國選辯護人)은 법원이 직권으로 피고인의 변호인을 선정한 경우를 일컫는다.

국선변호인은 어떠한 경우에

다음과 같은 경우에 변호인이 없으면 법원이 직권으로 국선변호인을 선임한다.

1) 피고인이 구속된 때,
2) 피고인이 미성년자인 때,
3) 피고인이 70세 이상의 자인 때,
4) 피고인이 농아자[14]인 때,
5) 피고인이 심신장애의 의심 있는 자인 때,
6) 피고인이 빈곤 기타 사유로 변호인을 선임할 수 없는 때 (피고인의 청구가 있어야 함),
7) 체포·구속적부심사에 있어서 피의자에게 변호인이 없는 때,
8) 법정형이 사형, 무기 또는 단기 3년 이상의 징역이나 금고에 해당하는 사건을 심리하는 경우에 변호인이 없는 때.

국선변호인의 선정

가. 법원의 직권으로 선정한 국선변호인 [6)을 제외한 사유]

공소장의 부본 송달과 동시에 변호인을 선임할 수 있으며, 만일 피고인이 스스로 변호인을 선임하지 않으면 법원이 직권으로 국선변호인을 선정할 것임을 고지한다.

나. 청구국선의 경우 [6)의 사유에 의한 국선변호인]

빈곤 등의 사유로 변호인을 선임하지 못한 경우 공소장의 부본 송달과 동시에 국선변호인 선정을 위한 고지를 하고 있는데, 이 고지서를 받은 날로부터 7일 이내에 청구서를 법원에 제출하도록 하고 있다. 이 경우 청구서와 동시에 소명자료를

---

14) 농아란 농자와 아자의 합성어다. 농자(聾者)는 귀가 들리지 않은 사람을 의미하고, 아자(啞者)는 말을 못하는 사람을 뜻한다. 즉 듣지도 못하고 말하지도 못하는 사람을 일컫는다.

법원에 제출케 하고 있는데 대개 생활보호대상자이거나 혹은 현재의 가정형편상 개인적으로 사선변호인을 선임하기 어려운 경우를 소명하면 된다. 소명자료만으로 피고인의 빈곤여부가 분명하지 않은 때에는 법원 스스로 제1회 공판기일에 공판정에 제출된 수사기록까지 검토하여 판단하고 있는 것이 실무상 관례이다. 만일 피고인이 국선변호인의 선임을 청구하지 않더라도 국선변호인을 선정할 수 있는 기회가 있다. 즉 제1심 법원은 수사기록 등을 검토한 결과 피고인이 빈곤의 사유로 변호인을 선임하지 못한 사정이 있다고 판단할 때에는 제1회 공판기일의 공판정에서 피고인에게 국선변호인의 선정을 원하는지를 물어 보아 피고인의 의사에 따라 국선변호인을 선정하여 주기도 한다.

국선변호인이 변호를 성실히 하지 않는 경우 피고인은 법원에 그 교체를 요청할 수 있는가?

☞ 국선변호인이 변호활동을 제대로 수행하지 않는다면, 피고인이 그 교체를 요구할 수 있다.

형사절차에서의 변호인의 역할

형사절차에서의 피고인은 법률전문가인 검사에 비하여 법률지식이 떨어지고, 스스로 범죄혐의를 받고 있는 자라는 점에서 수사의 대상이 되고 있기에 방어능력이 부족할 수밖에 없다. 우월한 지위에 있는 검사의 공격에 대하여 피고인이 제대로 방어할 수 있도록 도와주는 역할을 하는 자가 바로 변호인이다. 한 마디로 변호인은 피의자 및 피고인의 보호자라고 할 수 있다. 따라서 피고인의 이익을 위하여 활동하는 것이야말로 변호인의 제1차적 목적이다. 이는 개인이 선임한 사선변호인이나 국가가 선정하여 준 국선변호인이나 마찬가지이다.

불성실한 국선변호인은 교체요구 할 수 있어

형사사건에서 피의자 및 피고인이 스스로 변호인을 선임할 수 없는 경우에는 일정한 경우 국가가 변호인을 선임하여 주고 있다. 이러한 국선변호인도 사선변호인에 못지않은 성실한 변호활동을 할 의무가 있다. 따라서 국선변호인이 자신에게 경제적으로 큰 도움이 되지 않는다고 하여 주어진 변호활동을 제대로 수행하지 않는 경우에는 피고인이 국선변호인의 교체를 요구할 권리가 당연히 있다. 형사소송규칙도 국선변호인이 그 직무를 성실히 수행하지 아니하거나 기타 상당한 이유가 있는 때에는 국선변호인의 선정을 취소할 수 있다고 규정하고 있다. 또한 법원은 국선변호인이 그 임무를 해태하여 변호활동을 불성실하게 한 때에는 그 사유를 대한변호사협회장 또는 소속 지방변호사회장에게 통고할 수 있게 하고 있다.

체포 · 구속적부심사청구는 무엇이며 그 절차는 어떻게 진행되는가?

☞ 체포 · 구속적부심사는 수사기관에 체포 또는 구속된 피의자에 대하여 법원이 체포 또는 구속의 적법 여부 등을 심사하여 부적법 · 부당한 경우 피의자를 석방시키는 제도이며, 체포 · 구속영장을 발부한 법원에 청구하면 된다.

체포와 구속은 서로 다른 개념

형사소송법은 '체포'와 '구속'의 개념을 구분하여 전자는 비교적 단기간 구금하는 인신구속제도로 활용하고, 후자는 비교적 장기간 구금하는 인신구속제도로 사용하고 있다. 즉 구속의 방법은 처음부터 구속영장을 발부받아 구속하는 경우가 있고, 체포영장을 발부받아 체포하거나 현행범체포 및 긴급체포와 같이 영장 없이 체포한 다음에 48시간 이내에 법원에 구속영장을 청구하는 식으로 구속하는 방법이 있다.

체포 · 구속적부심사란

체포 · 구속적부심사는 수사기관에 의하여 체포 또는 구속된 피의자에 대하여 법원이 체포 또는 구속의 적법 및 그 계속여부의 필요성을 심사하여 부적법 · 부당한 경우 피의자를 석방시키는 제도이다.

석방결정이 내려지는 경우는

적부심사에서 석방결정이 내려지는 경우는 대개 구속이 적법하게 이루어지지 않았던 경우나 구속 당시는 구속이 적법했으나 현재는 구속의 필요성이 사라진 경우 등이다. 예를 들어 구속영장 청구기간이 경과한 후에 구속영장이 청구되었으나 구속영장이 발부된 경우는 부적법한 구속이 된다. 즉, 체포영장 및 긴급체포에 의하여 피의자를 체포한 때에는 체포한 시점부터 48시간 이내에 구속영장을 청구하도록 되어 있는데, 48시간이 지나서 구속영장을 청구하여 발부받은 영장에 의하여 구속된 경우는 부적법한 구속이 된다. 피해자와 합의를 보았기 때문에 더 이상 구속의 필요성이 없어진 경우는 부당한 구속이 될 수 있다.

누가 청구할 수 있는가

체포 · 구속적부심사는 체포영장 또는 구속영장에 의하여 체포 또는 구속된 피의자, 피의자의 변호인, 법정대리인, 배우자, 직계친족, 형제자매, 호주, 가족, 동거인 및 고용주가 관할법원에 청구하면 된다. 개정 형사소송법은 수사기관으로 하여금 피의자가 지정하는 자에게 적부심사를 청구할 수 있음을 고지하도록 하여 체포·구속 적부심사제도의 이용이 활성화되도록 하였다. 판례는 긴급체포 또는 현행범으로 체포된 피의자, 위법하게 체포된 피의자도 체포적부심사를 청구할 수 있다는 입장이었다(대법원 1997.8.27. 선고, 97모21 결정). 개정 형사소송법은 이러한 판례의 취지를 살려 적부심사 청구대상에서 '영장'요건을 삭제하여 영장에 의한 체포 이외에 긴급체포·현행범인체포에 대해서도 적부심사를 명시적으로 허용하였다.

적부심사기한은 48시간 이내로 제한

적부심사기한은 '지체 없이' 하도록 되어 있지만, 이것은 선언적 규정에 불과했다. 개정 형사소송법은 '지체 없이' 부분을 '청구서가 접수된 때로부터 48시간 이내'로 개정함으로써 48시간 이내에 신속한 심사절차 진행을 보장하였다.

구속적부심사에 의한 보석결정

구속적부를 심사하는 법원은 구속된 피의자에 대하여 피의자의 출석을 보증할 만한 보증금의 납입을 조건으로 보석결정을 할 수 있다. 이것이 피의자에게도 보석이 허용되는 '피의자 보석'이다.

보석으로 석방되는 경우가 많다던데, 보석이란 무엇이며 어떤 경우에 허가되는가?

☞ 보석은 피고인의 출석을 담보할 수 있는 일정한 조건을 붙여 석방하는 제도를 말한다.

보석이란

보석(保釋)은 일반적으로 보증금의 납입을 조건으로 석방하는 제도를 말한다. 그러나 개정 형사소송법은 보석조건을 다양화하여 비금전적인 출석담보수단을 보석조건으로 인정함으로써 보증금을 납부할 자력(資力)이 없는 자에게도 보석의 기회를 확대하였으며, 법원이 피고인 개개인의 사정과 상황에 비추어 가장 적합한 보석조건을 제시할 수 있도록 했다. 따라서 개정 형사소송법에 따른 보석의 의미는 보증금납입은 물론 보증금 이외의 다양한 출석담보수단을 조건으로 피고인을 석방하는 제도가 되었다.

보석의 청구는 피고인 신분일 때 가능

보석은 피고인의 신분일 때, 즉 검사가 기소한 이후 공판단계에서 청구할 수 있다. 보석제도는 금전적 또는 비금전적 조건으로 피고인의 출석을 담보하는 대신에 피고인으로 하여금 정상적인 사회생활을 하면서 재판에 대한 방어준비를 할 수 있도록 하자는 데 그 취지가 있다. (이와 달리 체포·구속적부심사는 수사단계에서 피의자의 신분으로 청구할 수 있도록 되어 있다.) 보석의 청구권자는 피고인 외에도 그의 변호인, 법정대리인, 배우자, 직계친족, 형제자매, 가족, 동거인 또는 고용주로 되어 있다. 개정 형사소송법은 보석의 청구권자에 동거인, 고용주, 가족을 추가하여 피의자에 대한 체포·구속적부심사 청구권자의 범위와 동일하게 확대하였다.

보석제외사유에 해당하지 않는 한 반드시 보석을 허가해야

형사소송법은 피고인이 보석을 청구하면 보석제외사유에 해당하지 않는 이상 반드시 허가하도록 규정하고 있다. 이를 법률용어로 '필요적 보석'제도라고 부른다.

보석제외사유는

1) 피고인이 사형·무기 또는 장기 10년 이상의 징역이나 금고에 해당하는 죄를 범한 때,
2) 피고인이 누범이거나 상습범인 경우,
3) 피고인이 증거를 없애거나 없앨 우려가 있을 경우,
4) 피고인이 도망이나 도망의 염려가 있는 경우,
5) 피고인의 주거가 일정치 않은 경우,
6) 피고인이 피해자, 증인 등에게 해를 가하거나 가할 염려가 있다고 인정되는 때이다.

보석은 대개 이런 경우에 허가될 때가 많아

그러나 실제로 보석이 허가되는 경우는 보통 피해자와 합의가 이루어졌거나 재판에서 실형이 아닌 집행유예가 선고될 것으로 예상되는 경우가 많다. 즉 실형을 선고하려는 피고인에 대해서는 보석을 허가하지 않는 경향이 있다. 보석을 허가했다가 다시 실형을 선고하여 구속하는 번거로움을 피하기 위함이다. 개정 형사소송법은 피고인이 피해자에게 피해배상을 한 경우 도주우려나 증거인멸의 우려를 현저히 감소시키는 것으로 보고 보석을 허가했던 실무관행을 인정하여 피해배상 등 범행 후의 정황에 관련된 사항도 보석조건 결정시 고려사항으로 추가하였다.

보석은 피고인의 권리

보석을 청구하는 피고인 중에는 보석을 법원의 은총으로 여기는 경향이 있다. 그래서 보석을 청구하면서 법관에게 지나치게 온정주의적 태도를 불러일으키려는 태도로 나오기도 한다. 그러나 보석은 피고인을 위한 제도이며, 보석청구권은 피고인의 권리임을 알아야 한다.

보석으로 풀려나려면 반드시 돈을 내야만 하는가?

☞ 개정 형사소송법은 보석의 조건을 다양화하여 금전납입 이외의 비금전적인 방법에 의한 보석이 가능하도록 했다. 따라서 보석이 이루어지기 위하여 반드시 보증금을 납입해야 되는 것은 아니다. 즉 비금전적인 출석담보수단을 보석의 조건으로 활용하는 것이 가능해졌다.

보석조건이 반드시 보증금납부일 필요는 없어

지금까지 보석의 조건은 보증금을 납부하는 것 이외에 다른 방법이 없었다. 그러나 개정 형사소송법은 보석조건을 다음과 같이 다양화하여 보석의 가능성을 확대하였다.

〈다양해진 보석의 조건〉

1) 법원이 지정하는 일시·장소에 출석하고 증거를 인멸하지 아니하겠다는 서약서 제출
2) 법원이 정하는 보증금 상당의 금액을 납입할 것을 약속하는 약정서 제출
3) 법원이 지정하는 장소로 주거를 제한하고 이를 변경할 필요가 있는 경우에는 법원의 허가를 받는 등 도주를 방지하기 위하여 행하는 조치를 따를 것
4) 피해자나 증인 또는 그 친족의 생명·신체·재산에 해를

가하는 행위를 하지 아니하고 주거·직장 등 그 주변에 접근하지 아니할 것

5) 피고인 외의 자가 작성한 출석보증서 제출
6) 법원의 허가 없이 외국으로 출국하지 아니할 것을 서약할 것
7) 법원이 지정하는 방법으로 피해자의 권리회복에 필요한 금원을 공탁하거나 그에 상당한 담보를 제공할 것
8) 피고인 또는 법원이 지정하는 자가 보증금을 납입하거나 담보를 제공할 것
9) 그 밖에 피고인의 출석을 보증하기 위하여 법원이 정하는 적당한 조건을 이행할 것

보석조건을 결정할 때 고려할 사항은

개정 형사소송법은 법원이 보석을 허가하는 경우에는 범죄의 성질, 범죄의 실상, 피고인의 전과, 성격, 환경과 자산, 피해자에 대한 배상 등 범행 후의 정황에 관련된 사항을 고려하여 피고인의 출석을 보증할 만한 조건을 정하도록 하고 있다. 그리고 피고인의 자력이나 자산을 고려할 때 그가 도저히 이행할 수 없는 조건을 정할 수 없게 하였다.

보석보증금은 보석보증보험증권을 제출함으로써 현금납부를 대체할 수도 있어

원칙적으로 보석보증금은 현금으로 납입해야 한다. 특히 중한 범죄인 겨우 그 담보효과를 높이기 위하여 현금을 납입하게 할 가능성이 높다. 그러나 법원은 피고인에게 보석보증금을 현금으로 납부하는 대신에 보증보험회사의 보석보증보험증권을 제출하도록 할 수도 있다. 즉, 보증보험회사가 피고인의 보석보증을 하고, 피고인은 일정한 수수료 정도만 보증보험회사에 지

불하는 방식으로 보석이 허가된다.

피고인이 기일에 출석하지 않으면 출석보증인에게 과태료를 부과할 수 있어

개정 형사소송법은 피고인 이외의 제3자가 피고인의 출석을 보증하여 보석이 허가된 경우 피고인이 정당한 사유 없이 기일에 출석하지 않으면 그 출석보증인에게 500만원 이하의 과태료를 부과할 수 있도록 하였다.

병보석이란 무엇인가?

☞ 병보석이란 구속된 피고인이 질병 등으로 인하여 형의 집행이 불가능한 경우에 보석을 허가하는 제도이다.

병보석이란

병(病)보석이란 구속된 피고인이 중대한 질병에 걸려 더 이상 수감생활을 할 수 없게 되었을 때에 보석을 허가하는 제도를 말한다. 필요적 보석의 제외사유에 해당함에도 불구하고 법원이 '상당한 이유'가 있다고 판단되면 직권으로 또는 보석청구권자의 청구에 의하여 보석을 허가하는 임의적 보석의 한 형태이다.

예외적인 경우에만 병보석이 허가되고 있어

법원이 병보석여부를 판단할 때는 개인병원의 진단서에만 의존하지 않으며, 교도소 의무실의 소견서를 참작하거나 피고인을 면담하여 용태를 직접 관찰하는 등 신중을 기하도록 하고 있다. 뿐만 아니라 사안이 중한 사건에서는 피고인과 연고가 없는 종합병원에 감정을 의뢰하여 그 결과에 따르도록 하고 개인의사에게 감정을 의뢰함으로써 의혹을 사는 일이 없도록 하고 있다. 병보석은 예외적인 것인 만큼 법원의 신중한 판단을 요구하고 있는 것이다.

병보석 석방자에 대한 관찰과 감독

병보석으로 석방된 자에 대해서는 병원으로 주거가 제한된 경우는 사실조회를 통하여, 자택으로 주거가 제한된 경우는 경찰서장을 통하여 각각 매월 1회 이상 조회하여 요양상황, 동태 등을 회보하게 하거나 법원직원을 파견하여 이를 관찰, 보고하게 하고 있다. 그 결과 용태가 양호하여 공판기일에 출석할 수 있다고 판단되는 때에는 보석허가결정을 취소하거나 즉시 공판기일을 지정하도록 하고 있다.

기소중지는 무엇이며, 지명수배는 무엇인가?

☞ 기소중지는 피의자의 소재가 확인되지 않아 더 이상 수사를 진행할 수 없고 종결할 수도 없는 경우에 피의자의 소재를 파악할 때까지 잠정적으로 수사를 종결하는 것을 말하고, 기소중지가 된 피의자에 대해서는 지명수배를 하게 된다.

기소중지란

범죄를 수사하기 위해서는 피의자가 출석해야 한다. 범죄혐의를 받고 있는 피의자가 출석하지 않으면 사건의 내용을 제대로 밝힐 수 없으며, 다른 증거에 의하여 범죄사실이 밝혀져서 기소를 한다고 하더라도 피고인이 없으면 재판을 진행할 수 없다. 따라서 피의자가 출석하지 않거나 소재가 명확하지 않아 더 이상 수사를 진행할 수 없는 경우 검사는 불기소처분의 일종인 기소중지결정을 하게 되어 있다. 즉, 기소중지는 '중지'라는 용어에서 보듯이 잠정적 수사종결처분이라는 점에서 다른 불기소처분과 다르다. 피의자뿐만 아니라 고소인 또는 중요한 참고인의 소재가 불명인 때에도 기소중지를 할 수 있다.[15)]

기소중지처분을 받은 자에 대해서는 지명통보나 지명수배를 하게 되는데

검사가 기소중지처분을 하게 되면 지명통보 혹은 지명수배를 하게 된다. 지명수배는 관내 또는 전국 경찰서에 범인을 추적・체포・인도할 것을 의뢰하는 것이고, 지명통보는 특정한 피의자를 발견한 경우 그 피의자에 대한 출석요구를 의뢰하는 것을 말한다. 지명수배는 법정형이 사형・무기 또는 장기 3년 이상의 징역이나 금고에 해당하는 죄를 범하였다고 의심할 만한 상당한 이유가 있어 체포영장 또는 구속영장이 발부된 자 또는 지명통보 대상자 중 지명수배의 필요가 있어 영장이 발부된 자가 그 대상이다. 지명통보는 법정형이 장기 3년 미만의 징역 또는 금고, 벌금에 해당하는 죄를 범하였다고 의심할 만한 상당한 이유가 있고 수사기관의 출석요구에 응하지 아니하고 소재수사결과 소재불명인 자에 대하여 하고 있다.

지명수배자 및 지명통보자가 발견된 경우

지명수배자가 불심검문 등의 방법에 의하여 발견된 때에는 즉시 체포되어 지명수배를 한 경찰서나 검찰청으로 신병이 인계된다. 수사기관으로 신병이 인계된 후 범죄혐의가 무겁고 도

---

15) 참고인의 소재불명으로 인하여 더 이상 수사를 진행할 수 없어 기소중지를 결정하는 것을 본래적 의미의 기소중지와 구별하여 '참고인중지'라고 한다.

주우려 등이 있으면 구속으로 이어질 수도 있다. 반면에 가벼운 범죄인 경우라면 피의자의 가족, 친지, 친구 등 주위 사람들을 경찰서나 검찰청에 나오게 하여 피의자의 출석을 보장하겠다는 신원보증을 세운 후 석방하고 있다. 지명통보자의 소재가 발견된 경우에는 그에게 지명통보사실, 범죄사실, 지명통보관서 등을 알려주고 발견일자로부터 1월 이내에 지명통보관서에 출석할 것을 요구하게 되어 있다. 즉 지명통보자의 경우 소재발견 즉시 체포되거나 구속되는 것은 아니며, 출석요구를 권유받을 따름이다. 그러나 출석을 요구받고도 출석하지 않는 경우에는 '지명통보 대상자 중 지명수배의 필요가 있는 자'로 보아 체포영장을 발부받아 지명수배를 하게 된다.

사기혐의로 구속영장이 발부되어 구치소에 수감되었다. 어머니의 면회(접견)가 끝난 후 친구가 찾아왔으나 면회(접견)가 불허되었다고 하는데, 그 이유가 무엇인가?

☞ 미결수용자의 경우 원칙적으로 1일 1회 접견만이 허용된다. 다만, 변호인과의 접견은 이러한 제한을 받지 않는다.

재판 중인 미결수용자의 경우 원칙적으로 1일 1회 접견만이 허용되고 있어

미결수용자란 아직 재판이 확정되지 아니한 구속피고인(피의자)을 말한다. 미결수용자는 대개의 경우 교도소가 아니라 구치소에 수감된다. 그런데 미결수용자는 자신의 변호인 이외의 외부사람들과는 '1일 1회 접견'만이 허용되고 있다. 구치소의 인적·물적 자원의 한계로 인하여 접견을 제한하고 있는 것이다. 그러므로 구치소에 수감 중인 미결수용자를 누군가 일찍 찾아가 면회를 했다면, 그날 당일에는 더 이상 면회(접견)가 허용되지 않는다.

그러나 변호인과의 접견은 제한을 받지 않아

미결수용자의 변호인접견은 재판과정에서 자신을 방어할 수 있는 아주 중요한 수단이다. 따라서 미결수용자와 변호인은 언제든지 원하는 시간만큼 접견할 수 있다. 즉, 미결수용자의 변호인접견은 접견횟수나 접견시간의 제약을 받지 않도록 규정되어 있다. 변호인접견을 제한한다면, 헌법상 보장되어 있는 변호인의 조력을 받을 권리를 침해하는 것이 된다.

접견하고자 할 때에는 미리 전화하거나 법무부 홈페이지를 통해 안내를 받아야

수용자의 가족 등 외부인은 접견의 방법이나 절차에 대하여 잘 모르는 경우가 많고 원거리에서 시간을 내어 왔음에도 불구하고 면회시간이 아니라는 이유로 면회하지 못하고 되돌아가는 사례가 종종 있다. 따라서 접견하고자 할 때에는 미리 수용시설에 전화하여 안내를 받은 후 가는 것이 좋다.

구치소에 있으면서 재판을 받고 있는 피고인이 자신의 부모가 사망한 경우 잠시 석방될 수 있는가?

☞ 피고인을 친족, 보호단체 기타 적당한 자에게 부탁하거나 주거를 제한하여 잠시 석방될 수 있는 길이 있다.

구속의 집행정지

구치소에 수감되어 재판계속중인 경우라도 구속의 집행을 정지시켜서 피고인을 석방하는 제도가 있는데, 이것이 구속의 집행정지이다. 구속영장의 효력은 그대로 유지한 채 단지 집행만을 잠시 정지시키는 제도이다. 즉 법원은 상당한 이유가 있는 때에 구속된 피고인을 친족, 보호단체 기타 적당한 자에게 부탁하거나 피고인의 주거를 제한하여 구속의 집행을 정지할 수 있다. 여기서 '상당한 이유'란 실무상 피고인의 중병(重病), 그 중에서도 짧은 기간의 치료로 완치가 예상되는 경우(예컨대 출산, 급성맹장염의 수술 등), 근친의 관혼상제, 중요한 시험 등이 있는 경우를 가리킨다.

구속의 집행정지는 법원의 직권으로

구속의 집행정지는 원칙적으로 법원이 직권으로 결정하게 된다. 물론 당사자도 구속의 집행정지를 신청할 수는 있지만, 법원이 반드시 이를 심사해야 하는 것은 아니다. 대개의 경우 구치소(교도소)의 장은 수용중인 피고인에게 중한 질환이 발생하면 이 사실을 법원에 통보하게 되어 있으므로 이에 의거하여 구속의 집행정지여부를 판단하게 된다. 중병을 이유로 법원이 구속집행정지결정을 할 때는 종합병원이나 적당한 병원을 주거로 지정하고 있다.

구속집행정지의 기간은

법원이 구속의 집행정지를 결정할 때는 그 기간을 정할 수도 있고 정하지 않을 수도 있다. 기간을 정할 때에는 "2007년 10월 31일까지 피고인의 구속집행을 정지한다"는 식으로 기간의 마지막 시점만을 지정하는 것이 보통이다. 법원은 피고인이나 치료병원의 연장필요소견서에 의하여 그 기간을 연장 또는 단축할 수 있다. 실무상 구속집행정지기간은 최소한의 기간으로 하되, 아무리 큰 중병이라도 가급적 1개월을 넘지 않도록 하고 있다.

구속집행정지도 취소될 수 있어

구속의 집행이 정지된 피고인이 1) 도망한 때, 2) 도망하거나 증거를 인멸할 염려가 있다고 믿을 만한 충분한 이유가 있는 때, 3) 소환을 받고 정당한 이유 없이 출석하지 아니한 때, 4) 피해자, 증인 또는 그 친족의 생명·신체나 재산에 해를 가하거나 가할 염려가 있다고 믿을 만한 충분한 이유가 있는 때, 5) 주거의 제한 기타 법원이 정한 조건을 위반한 때에 법원은 구속의 집행정지를 취소할 수 있다. 구속의 집행정지가 취소되거나 그 기간이 만료되면 검사는 그 취소결정의 등본 또는 기간을 정한 구속집행정지결정의 등본에 의하여 피고인을 다시 구금하게 된다.

경찰에 검거된 기소중지자의 신원보증을 섰는데, 피의자가 수사기관에 출석하지 않고 있는 경우 보증인에게 문제는 없는가?

☞ 신원보증인은 피의자 등의 출석 및 소재파악의 협조의무를 지고 있을 뿐 보증인으로서의 법적 구속력을 가지는 것은 아니다. 그러나 개정 형사소송법상 피고인의 보석조건으로 제출된 출석보증서를 작성한 출석보증인은 피고인의 불출석에 대한 법률상의 책임을 져야 한다.

피의자에 대한 석방과 출석보증

구속영장이 신청되었다가 기각된 경우, 기소중지자로 검거되었으나 범죄혐의내용이 경미한 경우, 주거가 일정하지 아니한 피의자로서 구속의 필요성이 없는 경우에 수사기관은 이들을 석방시키면서 그의 가족, 친지, 친구 또는 지인들로부터 출석보증을 받을 때가 간혹 있다. 이는 피의자의 출석을 확보하기 위한 방편일 뿐이며, 손해담보계약의 하나인 신원보증법상의 신원보증과는 그 성격이 다르다.

누가 피의자의 출석보증인이 될 수 있는가

출석보증인은 피의자의 가족, 친지, 친구 및 지인으로서 피의자의 신원을 책임질 수 있을 정도의 사회적 지위가 있는 사람이어야 한다. 그러나 피의자의 처나 남편, 공동피의자 등은 원칙적으로 신원보증인이 될 수 없다. 친구, 직장 동료나 상사가 신원보증을 서는 경우가 많다.

피의자의 신원보증인의 책임은

피의자에 대한 출석보증의 방법은 "위 사람에 대하여 경찰, 검찰 또는 법원으로부터 조사, 재판, 형 집행을 위한 출석요구가 있을 때에는 본인이 책임지고 출석시킬 것을 보증합니다"라는 내용으로 출석보증서를 제출하는 경우가 대부분이다. 이처럼 출석보증을 선 경우에 보증인이 피의자를 적극적으로 숨겨주거나 도주하도록 도와주지 않은 이상 피고인의 불출석에 대한 민·형사상의 책임을 물을 수 없다. 법적 구속력이 없다는 뜻이다. 물론 경찰이나 검찰은 출석보증인을 통하여 피의자의 소재파악 및 출석을 협조해주도록 요구할 수는 있다.

그러나 개정 형사소송법상의 피고인의 보석조건인 출석보증인 제도는 이와 달라

피의자의 출석보증인제도는 개정 형사소송법상의 보석조건으로 신설된 출석보증인제도와 그 성격이 다르다고 하겠다. 개정 형사소송법상의 피고인에 대한 출석보증제도는 보석의 조건이

지만, 앞에서 살펴본 피의자의 경우는 수사기관이 피의자를 더 이상 구속할 사유가 없기 때문에 석방할 수밖에 없는 상황에서 피의자의 출석가능성을 높이기 위한 방편으로 활용되는 임의적인 수단일 뿐이다. 즉 개정 형사소송법은 피고인의 보석조건을 다양화하면서 피고인 아닌 제3자가 작성한 출석보증서를 제출하는 조건으로 보석을 허가할 수 있도록 했다. 그리고 출석보증서가 피고인의 출석을 담보하는 효과를 높이기 위해서 피고인이 정당한 사유 없이 기일에 불출석하면 500만원 이하의 과태료를 부과할 수 있도록 함으로써 피고인의 불출석에 대한 법적 책임을 물을 수 있게 하였다.

구속된 자가 석방될 수 있는 방안들을 요약하면 어떤 것이 있는가?

☞ 피의자의 신분일 때는 검사의 불기소처분, 약식기소, 법원의 체포・구속적부심사를 통한 석방・보석결정, 구속집행정지가 있고, 검사가 기소를 하여 피고인의 신분이 되었을 때는 법원의 보석결정, 벌금・선고유예・집행유예 등의 비(非)실형 선고 등이 있다.

수사단계에서의 석방가능성

① 체포・구속적부심사

체포・구속된 피의자는 누구든지 법원에 체포・구속의 적부심사를 청구할 수 있다. 법원은 체포・구속의 적법성 및 구속의 필요성 여부를 심사하거나 보증금납입을 조건으로 석방결정을 할 수 있다. 이 경우 피의자는 불구속 상태에서 수사를 받게 된다. 그러나 법원이 적부심사결과 기각결정을 내리면, 피의자는 구속 상태에서 수사를 받아야 한다.

② 검사의 불기소처분

검사는 구속된 피의자라 하더라도 1) 혐의없음(수사결과 범죄혐의가 없음), 2) 죄가안됨(그 행위가 정당방위이거나 형사책임이 없는 14세 미만의 아동인 경우 등), 3) 공소권없음(친고죄에서 고소가 취소된 경우 등), 4) 기소유예(유죄판결을 받기에 충분한 범죄혐의는 인정되지만 기소를 하지 않아도 될 만큼 정상참작의 사유가 있는 경우)로 불기소처분을 할 수 있다. 불기소처분을 받은 구속된 피의자는 석방되고, 수사는 종결된다.

③ 벌금형으로 기소

구속된 피의자에 대하여 검사가 정식재판에 넘기지 않고 벌금의 형으로 기소하는 경우 역시 피의자는 구속으로부터 벗어나게 된다. 그러나 영장의 발부단계에서 이미 죄의 경중(輕重)이 어느 정도 밝혀지게 되므로 구속된 피의자가 벌금형으로 기소되기는 쉽지 않은 것이 현실이다.

재판단계에서의 석방가능성

① 법원의 보석결정

피고인이 보석을 청구하면, 법원은 보석제외사유에 해당하지 않는 이상 피고인에게 일정한 조건을 붙여 보석을 결정할 수 있다. 이렇게 되면 피고인은 불구속상태에서 재판을 받게 된다.

② 벌금형의 선고

구속피고인에게 벌금형이 선고될 가능성은 그렇게 높지 않지만, 간혹 벌금형이 선고되기도 한다. 법원에서 벌금형이 선고되면, 재판의 확정여부와 상관없이 벌금형의 선고즉시 구속피고인은 석방된다.

③ 선고유예 판결

선고유예(宣告猶豫)는 형의 선고 자체를 유예하는 제도이다.

법원은 1년 이하의 징역이나 금고, 자격정지 또는 벌금의 형을 선고할 경우 피고인이 자신의 범행에 대해 깊이 반성하고 있는 등의 정상을 참작하여 형의 선고를 유예할 수 있다.[16] 일반적으로 구속피고인에 대해서 선고유예의 가능성은 높지 않으나, 특별히 공무원 등과 같이 집행유예를 선고받으면 신분상의 불이익이 너무 큰 경우에 집행유예가 아닌, 선고유예가 간혹 활용되는 편이다. 선고유예는 형의 선고 그 자체를 유예하는 것이므로, 구속피고인은 석방된다.

④ 집행유예의 선고

집행유예는 형은 선고하되, 그 집행을 유예하는 제도이다. 법원은 3년 이하의 징역이나 금고의 형을 선고할 경우 1년 이상 5년 이하의 유예기간을 정하여 형의 집행유예를 선고할 수 있다. 일반적으로 집행유예의 선고가능성이 있으면, 보석 등의 방법으로 미리 석방되는 경우가 많다. 그러나 법원이 구속피고인의 정상을 참작하여 실형을 선고하지 않고, 집행유예를 선고하는 경우도 빈번한 편이다. 특히 형 선고시점까지의 피고인의 구속기간을 고려하여 단기의 실형을 선고하기보다는 집행유예를 선고하는 실무경향이 있기도 하다.

수표를 부도낸 일로 구속되었는데 석방되려면 어떻게 해야 하는가?

☞ 부도낸 수표를 모두 회수하거나, 부도수표 소지자가 처벌을 원하지 않는다는 의사표시를 하면 처벌받지 않을 수 있다.

---

16) '유예'의 사전적 의미는 미루거나 보류하는 것이다. 선고유예의 경우 형의 선고를 일정기간 동안 미룸으로써 형의 선고가 없는 것이 되고, 구속된 피고인은 당연히 석방되게 된다.

부정수표단속법상의 처벌

부정수표단속법은 수표를 발행하거나 작성한 자가 수표를 발행한 후에 예금부족·거래정지처분이나 수표계약의 해제 또는 해지로 인하여 제시기일에 지급되지 아니하게 한 경우 5년 이하의 징역 또는 수표금액의 10배 이상의 벌금에 처하도록 되어 있다. 여기서 수표를 작성한 자라고 함은 수표상의 요건을 대리기입한 자를 지칭하는 것이 아니고, 발행인과 공모하거나 그의 위임 아래 부정수표를 만든 자를 말한다(대법원 1975.12.9. 선고, 74도2650 판결). 그리고 이른바 '선일자 수표'[17]라 할지라도 소지인이 특약에 반하여 그 수표상의 발행일자 도래 전에 지급을 위한 제시를 한 경우에 예금부족으로 그 지급이 되지 않았다면 발행인은 부정수표단속법에 의한 처벌을 받게 된다(대법원 1967.5.2. 선고, 67도117 판결).

부도수표를 모두 회수하거나 소지인이 처벌을 원하지 않으면 처벌하지 못해

부정수표단속법은 수표를 발행하거나 작성한 자가 그 수표를 회수하면 처벌을 하지 않도록 규정하고 있다. 또한 비록 부도수표를 회수하지 못하였을지라도 수표소지인이 처벌을 원하지 않으면 처벌할 수 없다. 즉 부정수표단속법상 이 부분에 관해서는 피해자의 명시적 의사에 반하여 공소를 제기할 수 없는 반의사불벌죄이기 때문에 수표소지인이 처벌을 원치 않는다는

---

17) 선일자수표란 실제의 발행일보다 뒤의 날을 발행일로 기재한 수표를 말한다. 예를 들어 2007년 10월 1일에 발행하면서 수표상의 발행일자는 2007년 11월 1일로 기재하는 것을 말한다. 이 수표는 발행일 또는 그 이후 언제든지 수표가 제시되면 즉시 지급하여야 하는 '일람출급성'을 회피하기 위하여 사용되고 있다. 즉 발행자가 발행일을 늦춤으로써 소지인으로 하여금 발행일 이후에 제시하게 하고 그 전에 수표자금을 마련하려는 의도에서 선일자수표를 발행하게 된다.

의사표시를 했다면, 더 이상 처벌할 수 없다. 따라서 발행인이거나 작성인인 피의자는 자신이 발행한 부도수표를 회수한 후 그 원본을 수사기관에 제출하거나 혹은 그 수표의 소지자들과 합의하여 수표소지자들로 하여금 수사기관에 합의서를 제출하게 하면 형사책임을 피할 수 있다. 구속피의자는 이처럼 부도수표를 회수하였거나 수표소지자와 합의를 보았다면, 석방될 수 있다.

구속되었다가 무죄로 풀려난 경우 보상받을 길이 없는가?

☞ 구속된 사람이 법원에서 무죄의 판결을 받아 확정되었거나 검사의 불기소처분을 받은 자(기소유예 처분은 제외)는 국가에 대하여 형사보상을 청구할 수 있다. 또한 개정 형사소송법은 무죄가 확정된 피고인에 대해서는 소송과정에서 지출한 비용을 보상하는 법적 근거를 신설하여 재판에 소요된 비용을 보상받을 수 있도록 했다.

형사보상 제도

형사절차상 구속된 자가 검사의 불기소처분(기소유예 제외)을 받았거나 법원에서 무죄의 재판을 받아 석방된 경우 국가에 대하여 그 구금에 대한 보상을 청구할 수 있다. 검사의 불기소처분에 의하여 석방된 자는 피의자신분으로 구속되었던 것이므로 피의자보상을 받는 것이며, 법원의 무죄판결이 확정되어 석방된 자는 피고인신분으로 구속 중에 있었으므로 피고인보상을 받게 되는 것이다.

피의자보상의 신청절차는

피의자보상은 본인 및 대리인이 불기소처분의 통지를 받은 날로부터 1년 이내에 불기소처분을 한 검사 소속의 지방검찰청(지청의 경우에는 그 지청이 소속하는 지방검찰청)에 청구하여야 한다. 형사보상을 청구할 때에는 주민등록표, 불기소처분을 증명하는 서류(실무적으로 '공소부제기이유고지서'를 뜻함) 및 청구이유를 소명할 수 있는 자료를 첨부하여야 한다.

피고인보상의 신청절차는

피고인 보상은 본인, 상속인 및 대리인이 무죄재판이 확정된 날로부터 1년 이내에 무죄재판을 선고한 법원에 청구하여야 한다. 보상을 청구할 때에는 보상청구서에 재판서의 등본과 그 재판의 확정증명서를 법원에 제출하여야 한다.

보상가액은

형사보상의 1일 상한액은 보상청구의 원인이 발생한 연도의 최저임금법상 일급 최저임금액의 5배로 되어 있다. 최저임금법에 의하여 노동부장관이 고시한 2007년 1월 1일부터 2007년 12월 31일까지의 일급(8시간 기준)은 27,840원이다(노동부 고시). 예를 들어 2007년에 100일 동안 구속되었다가 무죄로 풀려난 사람이 국가로부터 받을 수 있는 보상금액의 최대액수는 13,920,000원(=구금일수 100일 × 2007년 일급 최저임금액 27,840원 × 5배)이 된다.

무죄가 확정된 피고인에 대해서는 재판비용도 보상받을 수 있어

개정 형사소송법은 피고인의 구금에 대한 보상만을 인정하고 있는 기존의 형사보상제도와는 별도로 무죄가 확정된 피고인에 대해서는 그가 소송과정에서 지출한 제반비용을 보상하는 법적 근거를 신설하였다. 비용보상은 피고인 또는 변호인의 여비·일당·숙박료 및 변호인의 보수에 한정된다. 비용보상 청구기간은 무죄판결 확정 후 6개월 이내이며, 무죄판결을 선고한 법원의 합의부에서 비용보상을 결정한다.

다른 법률상(민법 등)의 손해배상과의 관계

형사보상은 국가배상법상의 국가배상 혹은 민법에 의한 손해배상과 중복될 수도 있다. 이 중 어떤 배상을 청구하여 구제받을 것인가는 피해자의 자유이다. 그러나 보상을 받을 자가 동일한 원인에 대하여 다른 법률의 규정(민법 등)에 의하여 손해배상을 받은 경우에는 그 손해배상의 액수가 받을 보상금액과 동일하거나 이를 초과할 때에는 보상하지 않고, 그 받은 손해배상의 액수가 받을 보상금의 액수보다 적을 때에는 그 금액을 공제하고 보상금의 액수를 정한다. 한편 다른 법률의 규정(민법 등)에 의하여 손해배상을 받을 자가 동일한 원인에 의하여 이미 보상을 받은 경우에는 그 보상금의 액수를 공제하고 손해배상의 액수를 정하고 있다. 그러므로 형사보상법에 의한 보상은 최소한의 보상기준인 셈이다.

5

형사재판

법원이 증인으로 소환하면 꼭 출석해야 되는가?

☞ 법원으로부터 소환을 받은 증인이 출석에 불응하면 500만원 이하의 과태료에 처하고, 과태료 처분을 받았음에도 불구하고 다시 불출석하면 7일 이내의 감치(구금처분)에 처할 수 있다.

참고인과 증인은 목격자라는 점에서는 동일해

참고인이나 증인은 모두 피의자나 피고인이 아닌 제3자로서 범죄사실을 목격한 자라는 점에서는 동일하다. 다만 참고인은 수사과정에서 수사기관에 대하여 진술하는 자이고, 증인은 재판과정에서 법관에 대하여 진술하는 자라는 점에서 그 차이가 있다.

증인은 출석의무를 지고 있어

참고인과 달리 증인은 출석의무가 있다. 개정 형사소송법은 법원의 소환을 받고도 정당한 사유 없이 출석하지 아니하는 증인에 대해 부과할 수 있는 과태료의 상한액을 기존의 50만원에서 500만원으로 높였다. 또한 과태료를 부과한 증인이 정당한 사유 없이 다시 불출석하는 경우에는 7일 이내의 감치[18]결정을 할 수 있도록 하였다. 감치처분을 하기 위해서 법원은 감치재판기일을 열어 정당한 사유가 있는지 여부를 심리하여야 한다. 다만, 증인이 감치 집행 중에 증언을 한 때에는 곧바로 감치결정을 취소하고 석방하여야 한다.

법정에 출석한 증인은 선서를 해야 할 의무가 있어

증인은 법정에 출석한 후 진술하기 전에 먼저 선서를 해야 한다. 선서의 내용은 "양심에 따라 숨김과 보탬이 없이 사실 그대로 말하고 만일 거짓말이 있으면 위증의 벌을 받기로 맹세합니다"로 되어 있다. 증인선서를 함에 있어서 손을 들고서 하는 사람을 종종 볼 수 있는데 이렇게 해야 한다는 규정은 없다. 선서의 방법은 선서서를 낭독하고, 기명날인 또는 서명을 하면 된다.

선서를 한 증인은 진실을 말할 의무가 있어

선서를 한 증인은 원칙적으로 진실에 부합하는 진술을 해야 한다. 증언거부권을 행사하지 않는 이상 증인은 진실을 말할 의무가 있다. 만일 정당한 사유 없이 증언을 거부하면 과태료에 처할 수 있으며, 법정진술이 허위임이 밝혀질 경우 위증죄로 처벌받게 된다. 이에 반하여 참고인은 비록 수사기관에 출석하더라도 진술을 거부할 수 있고, 진술을 하는 경우 설령 허위의 진술을 하더라도 처벌을 받지 아니한다는 점에서 큰 차이가 있다.

---

18) '감치'란 피고인을 구치소·교도소·경찰서에 구금하여 유치하라는 재판장의 명령이다.

법정에서 증언하게 되면 자신의 범죄사실이 탄로날 경우에도 진술을 꼭 해야 하는가?

☞ 허위의 진술을 하기보다는 차라리 증언거부권을 행사하여 증언하지 않는 것이 좋다.

자기에게 형사상 불리한 내용의 진술은 거부할 수 있어

증인은 참고인과 달리 출석의무, 선서의무 및 증언의무를 진다. 그러나 증인 자신 또는 그와 일정한 신분관계가 있는 자(친족 또는 이러한 관계가 있던 자, 법정대리인, 후견감독인 등)에게 형사상 불리한 내용의 진술이 될 경우에는 증언을 거부할 수 있다.

업무상 지득한 비밀에 관한 사항에 대해서도 증언을 거부할 수 있어

변호사・변리사・공증인・공인회계사・세무사・대서업자・의사・한의사・치과의사・약사・약종상・조산사・간호사・종교의 직에 있는 자 또는 과거 이러한 직에 있던 자가 그 업무상 알게 된 사실로서 타인의 비밀에 관한 것은 증언을 거부할 수 있다. 물론 이 경우 이러한 증언거부 사유를 밝혀야 한다.

증언거부권이 있는 자라도 법정에서 허위의 진술을 하면 위증죄에 해당돼

법정에 출석하여 선서한 후 사실대로 진술하면 자신의 범죄를 시인하는 것이 되고, 증언을 거부하면 자신의 범죄를 암시하는 것이 되어 증인이 증언거부권을 포기하고 허위의 진술을 하였다면 위증죄의 책임을 진다(대법원 1987.7.7. 선고, 86도1724

판결). 형사상 자기에게 불리한 진술을 하지 않을 수 있는 증언거부권이 있음에도 불구하고 군이 이 권리를 포기하고 법정에서 진술하기로 했다면, 그 진술내용은 진실에 부합하여야 한다. 만일 그 증언이 허위진술이라면 위증죄로 처벌받는다.

공무상 지득한 비밀에 대해서는 증인거부권이 있어

형사소송법은 증언거부권과 달리 증인거부권(證人拒否權)을 인정하고 있다. 즉 공무원 또는 공무원이었던 자가 그 직무와 관련하여 알게 된 사실에 대하여 본인 또는 당해 공무소가 직무상 비밀에 속한 사항임을 신고한 때에는 그 소속공무소 또는 감독관공서의 승낙 없이는 증인으로 신문하지 못하도록 하고 있다. 증언거부권이 있는 자는 법정에 출석하고 선서할 의무가 있지만, 증인거부권이 있는 자는 법정에 출석할 의무조차 없다. 다만 이 경우에도 그 소속공무소 또는 당해 감독관공서는 국가의 중대한 이익을 해하는 경우를 제외하고는 승낙을 거절하지 못하도록 되어 있다.

법정에 증인으로 출석하여 경찰에서 진술한 내용을 번복해도 되는가?

☞ 참고인의 신분으로 경찰에서 진술한 내용을 법원에서 증인의 신분이 되어 번복하더라도 법정진술이 진실이라면 문제가 없다.

참고인은 수사의 협조자에 불과하여

참고인은 단순히 수사의 협조자일 따름이다. 따라서 참고인에 대하여는 경찰이나 검찰 등의 출석요구에 응하지 않는다고 하여 강제로 구인할 수 없고, 거짓 진술을 했다고 해서 제재를 가할 수 있는 방법이 없다.

증인의 신분이 되면

형사사건이 수사기관에서 법원으로 넘어가게 되면 이때부터는 참고인의 성격이 달라진다. 용어도 참고인에서 증인으로 바뀐다. 증인은 출석·선서·증언의 의무가 있다. 또한 법정에서 선서한 증인이 거짓진술을 하면 위증죄로 처벌받게 된다.

증인이 법정에서 참고인진술을 번복하더라도 처벌받지 않아

문제는 경찰에서 진술한 참고인이 후에 법정에서 이를 번복하여 다르게 진술하는 경우이다. 이와 같이 법정에서 경찰, 검찰 등에서 진술했던 것과 다르게 진술하여도 처벌받지 않는다. 오히려 참고인진술내용이 진실에 부합하지 않음에도 불구하고 법정에서 이를 번복하지 않고 수사기관에서 진술한 것과 동일하게 증언하면 위증죄가 성립될 수 있다. 왜냐하면 법정에서 선서한 증인이 거짓진술을 할 경우에는 위증죄로 처벌되기 때문이다. 그러나 증인의 진술이 진실과 다르더라도 증인 자신이 일부러 거짓진술을 한 것이 아니고, 증인 자신은 목격한 대로 진술하였으나 그것이 실제의 사실과 다른 경우에는 허위의 진술이 아니기 때문에 위증죄로 처벌되지는 않는다.

법정에서 피고인은 법관의 신문에 어떻게 대답해야 하는가?

☞ 법정에서 피고인은 자기에게 유리한 주장을 논리정연하고 분명하게 전달하여야 한다.

법정에 선 피고인은 위축되기 쉬워

지금까지 우리 형사절차에서 구속된 피고인은 당사자로서 소송의 주체임에도 불구하고 법관의 신문에 대하여 자신에게 유리한 진술을 제대로 하지 못하는 경향이 많았다. 오히려 범죄혐의를 인정한다며 선처를 호소하는 것이 보통의 모습이었다. 이는 죄를 인정하고 반성하는 기미를 보임으로써 집행유예로 풀려나거나 처벌을 적게 받으려는 피고인의 심경을 잘 드러내는 대목이다.

피고인은 유죄판결이 확정되기 전에는 무죄로 추정받아

법정에서 피고인은 괜히 자신의 생각을 주장해 보았자 법관으로 하여금 아직도 반성하지 않고 있다거나 혹은 공판의 진행을 방해한다는 인상을 심어준다고 생각할까봐 제대로 대답을 못하는 경우도 있다. 자기주장을 강하게 했다가는 오히려 더 손해를 볼 수도 있다는 인식이 만연해 있는 것이 사실이다. 심지어 변호인조차도 그러한 경우가 종종 있다. 그러나 피고인은 유죄판결이 확정되기 전에는 무죄로 추정받는다는 사실을 유념할 필요가 있다. 그러므로 혹시 괘씸죄에 해당되지나 않을까 염려하여 자신의 생각을 제대로 주장하지 못하는 것은 잘못이다.

법정에서 피고인은 적극적으로 자신의 이익을 위하여 진술하여야

법정에서 피고인은 적극적으로 자신의 이익을 위하여 진술하여야만 한다. 즉 법관이 사건의 전모를 파악하여야만 공정한 재판도 보장된다. 또한 피고인으로서는 이제 자신의 생각을 주장할 수 있는 유일한 곳이 바로 법정임을 알아야 한다. 피고인에게 변호인이 있다고 할지라도 결국 자신만큼 사건에 대하여 잘 아는 사람은 없다는 사실도 명심하여야 한다. 따라서 법정에서 피고인은 자기에게 유리한 진술을 법관에게 분명하게 전달해야 한다.

약식명령에 불복하려면 어떻게 하여야 하는가?

☞ 약식명령서를 받은 날로부터 7일 이내에 서면으로 법원에 정식재판을 청구하면 된다.

약식명령은 주로 벌금형이 선고된다

검사가 약식기소를 하면, 통상적인 공판절차를 거치지 아니하고 판사는 단지 검사가 제출한 자료에 의거하여 서면심리를 하며, 유죄가 인정되면 벌금, 과료 및 몰수의 형을 선고한다. 이러한 약식 재판절차에 의하여 판사가 벌금 등의 재산형을 선고하는 것을 약식명령이라고 한다. 약식절차에 의하여 부과되는 형벌은 벌금형이 거의 대부분이므로 약식명령서는 곧 벌금형통지서나 마찬가지다.

약식명령에 불복한다면, 정식재판을 청구할 수 있어

헌법상 누구나 법률이 정한 법관에 의하여 공개재판을 받을 권리가 있다. 그러나 약식재판은 서면심리에 의한 비공개재판이다. 그러므로 누구든지 약식명령에 불복하는 경우에 정식재판을 청구하여 공개재판을 받을 권리가 있다. 법원에 정식재판을 청구하고자 하는 자는 약식명령의 고지를 받은 날로부터 7일 이내에 정식재판을 청구할 수 있다. 고지를 받은 날이란 약식명령서를 수령한 날을 의미한다. 이와 달리 항소나 상고 등의 상소는 판결의 선고가 있은 날로부터 7일 이내로 되어 있다. 그 이유는 약식명령의 경우 서면심리에 의하므로 약식명령서를 송달받아야 비로소 재판내용을 알 수 있기 때문이다. 정식재판의 청구는 약식명령을 한 법원에 서면으로 제출하여야 한다.

업무시간 중에 제출하지 못하였으면 당일 24시까지 당직실에 제출하는 지혜도

정식재판의 청구가 법령상의 방식에 위반하거나, 청구권의 소멸 후인 것이 명백한 때에는 기각될 수 있다. 개인적 사정으로 인하여 정식재판청구기간의 마지막 날 법원의 업무종료시점까지 미처 서류를 제출하지 못하는 경우가 있을 수 있다. 정식재판청구기간에서 개인적 사정은 고려되지 않는다. 이러한 경우 당일 24시까지 법원 당직실에 제출하면 유효한 정식재판의 청구로 인정된다.

약식기소 사건을 법원이 직권으로 정식재판에 회부할 수 있는가?

☞ 법원이 약식사건을 정식재판에 회부할 때는 대개 사안이 중대한 경우다. 따라서 정식재판에 회부되면 벌금형 이상의 형, 즉 징역형이 선고될 가능성이 높다.

공판절차에 의하여 심판하여야 하는 경우

법원은 약식명령의 청구가 있는 경우에 그 사건이 약식명령을 할 수 없거나 약식명령을 하는 것이 부적당하다고 인정되는 때에는 공판절차에 의하여 심판하여야 한다.

① 약식명령을 할 수 없는 경우

1) 법정형에 벌금 및 과료가 규정되어 있지 않은 범죄

2) 소송조건이 결여되어 면소, 공소기각, 관할위반 등의 재판을 하여야 할 사건
3) 형의 면제, 무죄의 판결을 해야 하는 경우

② 약식명령을 하는 것이 부적당한 경우

벌금, 과료 또는 몰수 등의 약식명령을 선고하기에는 사건의 내용이 중하여 공판절차에 의한 신중한 심리가 필요하다고 인정되는 경우

공판절차에 회부하는 절차

법원이 공판절차에 회부하여 심판하고자 할 때에는 특별한 형식상의 결정을 할 필요는 없고 사실상 공판절차를 진행하면 된다. 실무상으로는 법원의 판단을 기록상 명확히 해 둘 필요가 있으므로 공판절차회부서를 작성하여 기록에 편철하고 있다. 약식명령을 청구하는 경우에는 검사가 제출한 서류 및 증거물에 대한 서면심리에 그치므로 정식의 공소제기에 있어서와 같이 공소장부본이 피고인에게 송달되지 않는다. 그러나 정식의 공판절차에 의하여 심판할 것을 결정한 경우에는 이 결정 후 검사가 제출한 공소장부본을 지체 없이 피고인 또는 변호인에게 송달하도록 하고 있다. 피고인의 방어권을 보장하기 위함이다.

법원이 정식재판에 회부하면

법원이 정식재판에 회부하는 경우는 대개 사안이 중대한 경우가 많다. 따라서 정식재판에서는 벌금형 이상의 형(징역이나 금고의 집행유예나 실형)이 선고될 가능성이 높다.

형사절차에서의 항소 및 상고는 어떻게 하는가?

☞ 항소(혹은 상고)는 재판을 선고하거나 고지한 날로부터 7일 이내에 항소장(혹은 상고장)을 원심법원(항소의 경우 제1심법원, 상고의 경우 제2심법원)에 제출하면 된다.

형사절차에서의 상소제도

'상소'(上訴)란 법원의 '판결'에 대하여 상급법원에 불복을 신청하여 구제를 구하는 제도를 말한다. 3심제도를 택하고 있는 우리나라에서 1심판결에 대한 상소는 '항소'라고 하고, 2심판결(항소심)에 대한 상소를 '상고'라고 한다. 한편, 상소와 혼동되기 쉬운 용어인 '항고'는 법원의 '결정'(예: 보석허가결정)에 대하여 상급법원에 불복하는 것을 말한다.

항소법원의 재판절차

항소(抗訴)는 지방법원단독판사사건인 경우는 지방법원합의부에, 지방법원합의부사건인 경우는 고등법원에 하도록 되어 있다. 다만, 항소장은 원심법원(제1심법원)에 제출하여야 한다. 항소기간은 판결을 선고하거나 고지한 날로부터 7일 이내이다.[19)]

① 항소인의 항소이유서 제출

항소법원이 원심법원으로부터 기록의 송부를 받으면 즉시 항소인과 상대방에게 소송기록수리통지서를 보내도록 되어 있다. 항소인은 이 통지를 받은 날로부터 20일 이내에 항소이유서를 항소법원에 제출하여야 한다. 항소이유서란 원심법원의 판결에 대한 불복의 이유를 기재한 서면을 말한다. 항소

19) 이와 달리 민사소송절차에서 상소기간은 판결서가 송달된 날로부터 2주 이내이다.

인이나 그의 변호인이 이 기간 내에 항소이유서를 제출하지 아니한 때에는 결정으로 항소를 기각한다. 다만 항소장에 항소이유가 기재되어 있는 경우는 예외로 한다.

② 상대방의 답변서 제출

항소법원은 항소이유서가 제출되면 지체 없이 그 부본 또는 등본을 상대방에게 송달하여야 한다. 상대방은 항소이유서를 받은 날로부터 10일 이내에 답변서를 항소법원에 제출하여야 한다. 답변서제출은 의무사항은 아니다.

③ 항소이유서, 답변서의 작성요령

항소이유서 또는 답변서에는 항소이유나 답변내용을 구체적으로 간결하게 명시하되, 상대방의 수에 2를 더한 수의 부본을 첨부하여야 한다.[20)]

상고법원의 재판절차

상고(上告)는 제2심판결(항소심)에 대하여 대법원에 상소하는 제도를 말한다. 상고기간도 항소기간과 동일하게 판결을 선고하거나 고지한 날로부터 7일 이내다. 상고장은 원심법원(항소심법원)에 제출하여야 한다.

① 상고인의 상고이유서 제출

상고법원(대법원)이 원심법원으로부터 기록의 송부를 받으면 즉시 상고인과 상대방에게 소송기록수리통지서를 보내도록 되어 있다. 상고인은 이 통지를 받은 날로부터 20일 이내에 상고이유서를 상고법원에 제출하여야 한다. 상고인이나 그의 변호인이 이 기간 내에 상고이유서를 제출하지 아니한 때에는 결정으로 상고를 기각한다. 다만 상고장에 상고이유가 기재되어 있는 경우는 예외로 한다.

---

20) 이 중 여분의 2통은 재판부의 심리 또는 법원사무관의 등의 조서작성에 참고하게 된다.

② 상대방의 답변서 제출

상고법원은 상고이유서가 제출되면 지체 없이 그 부본 또는 등본을 상대방에게 송달하여야 한다. 상대방은 상고이유서를 받은 날로부터 10일 이내에 답변서를 상고법원에 제출할 수 있다. 상대방의 답변서제출은 의무사항이 아니다.

③ 상고이유서, 답변서의 기재

상고이유서 또는 답변서는 상대방의 수에 4를 더한 수의 부본을 첨부하여야 한다.[21)]

수원지방법원이 1심법원임에도 불구하고 항소장을 서울고등법원으로 우송하였는데, 적법한 항소가 될 수 있을까?

☞ 원심법원인 수원지방법원에 항소장이 접수되었는지 여부를 확인한 후, 만약 접수되지 않았으면 다시 수원지방법원에 항소장을 제출하여야 한다.

항소장은 원심법원에 제출하여야

항소를 하려면 항소장을 원심법원에 제출하여야 한다. 여기서 원심법원이란 1심판결을 선고한 법원을 말한다.[22)] 즉 항소장은 1심판결을 선고한 법원에 제출하여야 한다.

---

21) 이 중 여분의 4통 중 2통은 재판장인 대법관과 주심인 대법관이 사용하고, 1통은 보존용이고 나머지 1통은 판례편찬용으로 사용된다.

22) 원심(原審)이란 상소 전에 상소의 대상인 판결을 선고한 법원을 말한다. 즉 항소심의 경우 제1심이 원심이 되고, 상고심의 경우 제2심인 항소심이 원심이 된다. 판결문에서 원심이라는 말을 많이 사용하는데, 이것이 제1심만을 지칭하는 것은 아니다.

반드시 서면에 의한 상소제기

항소는 반드시 서면에 의하여 제기하여야 하며, 구술에 의한 제소는 허용되지 않는다. 따라서 법정에서 판결의 선고와 동시에 피고인이 구두로 항소를 제기하는 것은 허용되지 않는다. 다만, 구금중인 피고인이 글을 모르는 경우에는 교도소 및 구치소의 공무원이 대서토록 하고 있다.

항소장을 우편으로 항소법원에 제출하면 원심법원으로 보내주기는 하지만

피고인이 항소장을 직접 상급법원에 제출하려고 하면, 법원 직원이 원심법원에 접수하라고 안내하는 것이 보통이다. 우편으로 상급법원에 항소장이 제출된 경우에는 실무상 상급법원에서 속달우편 등으로 신속히 원심법원으로 송부하고 있다. 그러나 항소장이 항소기간 내에 원심법원에 도달하지 않으면 적법한 항소로 보지 않는다. 항소장은 원심법원에 제출하게 되어 있으므로 실제로 재판을 담당할 상급법원에 우편으로 접수하였다 하더라도 그 일자가 항소장의 접수일자가 되는 것이 아니기 때문이다. 즉 원심법원이 항소장을 수령한 날이 접수일자가 된다.

상급법원에 우송한 경우에는 원심법원에 그 접수여부를 확인하여야

항소장을 상급법원에 우편으로 발송한 경우에는 원심법원에 연락하여 항소장이 접수되었는지 여부를 꼭 확인하여야 한다. 만일 원심법원에 항소장이 접수되지 않았다면, 직접 원심법원에 항소장을 다시 제출하는 것이 좋다. 항소법원에서 항소장을 접수하면 원심법원으로 조속히 보내겠지만 자칫 항소제기기간이 지난 시점에 항소장이 원심법원에 도달하게 되면 적법한 항소제기로 보지 않을 수 있기 때문이다.

질병으로 인하여 형사재판 소환기일에 도저히 출석할 수 없는 경우라면 어떻게 하여야 하는가?

☞ 질병을 사유로 공판기일에 출석할 수 없음을 적은 서면과 함께 담당의사로부터 발급받은 진단서를 재판부에 제출하고 동시에 공판기일 연기신청을 하면 된다.

피고인이 공판정에 출석하는 것은 의무인 동시에 권리

피고인이 공판정에 출석하는 것은 피고인의 의무인 동시에 권리에 해당한다. 피고인은 공개된 법정에서 자신에게 유리한 진술을 할 권리가 있기 때문이다. 이에 따라 형사소송법은 피고인이 공판정에 출석하지 않으면 특별한 규정이 없는 한 개정하지 못한다고 규정하고 있다.

피고인이 출석하지 않아도 재판할 수 있는 특별한 경우는

① 경미한 사건

100만원 이하의 벌금 또는 과료에 해당되는 사건의 공판에는 피고인이 꼭 출석할 필요는 없으며, 그 대리인이 참석해도 된다. 피고인의 출석권이 배제되는 것은 아니며, 법원의 소환에 대리인을 출석시킬 수 있는 권리가 있다는 뜻이다. 즉결심판사건에서 벌금이나 과료를 선고하는 경우에도 피고인의 출석이 요구되지 않는다. 즉결심판을 통해서 부과할 수 있는 벌금액의 상한선이 20만원으로 정해져 있기 때문에 100만원 이하의 벌금 또는 과료에 해당되는 사건일 수밖에 없다.

② 재판결과가 피고인에게 유리할 것이 확실한 경우

공소기각이나 면소의 재판을 할 것이 확실한 경우에는 피고인의 출석이 요구되지 않는다.

③ 항소심의 특칙

항소심에서 피고인이 최초의 공판기일에 출정(出廷 : 법정에 출석)하지 아니한 때에는 다시 기일을 정하여야 한다. 그러나 피고인이 다시 정한 기일에도 출석하지 않으면 피고인의 진술 없이 재판을 진행할 수 있다.

④ 상고심은 원칙적으로 피고인의 출석을 요하지 않아

상고심의 공판기일에는 피고인의 출석을 요하지 않는다. 상고심은 사후심(事後審)[23]으로서 서면심리원칙이 지배하므로 피고인의 변론이 필요하지 않기 때문이다. 특히 상고이유는 주로 법령의 적용을 잘못하였다는 점에 초점을 맞추는 경향이 있기 때문에 검사와 변호인간의 법리공방이 주가 될 수밖에 없다. 따라서 상고심에서는 피고인에게 소환장을 송달하는 것이 아니라, 공판기일통지서를 송달한다. 한편 상고심에서도 사실오인(事實誤認)에 대한 판단을 할 수 있으므로 간혹 상고심에서도 피고인의 출석을 명령하는 경우가 있다. 그러나 피고인이 출석한다고 하더라도 적극적 의견개진은 할 수 없고 수동적으로 재판부의 질문에 답변만 할 수 있을 따름이다.

피고인이 질병 등으로 출석할 수 없는 경우

피고인에게 사물의 변별능력 또는 의사결정능력이 없는 경우, 피고인이 질병으로 법정에 출석할 수 없는 경우에는 공판절차를 정지하여야 한다. 다만, 피고인에게 무죄·면소·형의 면제·공소기각의 재판을 할 것이 명백한 때에는 피고인이 출

23) 사후심이란 원심에 나타난 자료에 따라 원심판결시를 기준으로 하여 원판결의 당부를 사후적으로 심사하는 제도를 말한다. 이는 제1심의 심리를 전제로 제1심의 심리자료를 이어받아 항소심의 심리를 속행하는 속심에 대응하는 말이다.

석하지 않아도 재판을 진행할 수 있다. 피고인에게 유리한 재판이기 때문이다. 피고인이 공판기일에 소환 또는 통지서를 받고도 질병 기타의 사유로 출석하지 못할 때에는 의사의 진단서나 기타 사유를 소명할 수 있는 자료를 제출하여야 한다. 그러면 법원은 검사와 변호인의 의견을 들어서 피고인이 공판정에 출석할 수 있을 때까지 공판절차를 정지하게 된다.

즉결심판에 불복하려면 어떻게 하여야 하는가?

☞ 즉결심판의 선고·고지를 받은 날로부터 7일 이내에 정식재판청구서를 작성하여 경찰서에 제출하면 된다.

즉결심판의 대상은

즉결심판은 경미한 형사사건을 신속하게 처리하기 위한 간이재판절차이다.[24] 즉결심판은 20만원 이하의 벌금, 구류, 또는 과료에 처할 범죄를 대상으로 하고 있다. 벌금이나 과료를 선고할 수 있다는 점에서 약식절차와 유사하지만, 벌금의 상한액이 20만원으로 정해져 있고 30일 미만의 단기자유형인 구류를 선고할 수 있다는 점에서 서로 다르다. 그러나 공개된 법정에서 구두심리를 원칙으로 하고 있다는 점에서 서면심리방식의 약식절차와 차이점이 있다.

---

24) 일반 공판사건은 변론기일을 마치고 이로부터 14일 이내에(복잡한 사건은 21일 이내에) 선고기일을 지정하여 선고하도록 되어 있다. 그러나 즉결심판에서는 변론 후 즉석에서 결정이 내려지는데 이러한 의미에서 '즉결'이라고 한다.

즉결심판의 청구권자는 경찰서장

경찰서장은 관할법원에 즉결심판을 청구할 수 있다. 즉결심판의 청구는 보통의 공판절차에서 검사의 공소제기에 해당하는 소송행위다. 따라서 경찰서장의 즉결심판청구는 검사의 기소독점주의에 대한 예외에 해당한다. 경찰서장은 즉결심판청구와 동시에 즉결심판을 하는 데 필요한 서류와 증거물을 판사에게 제출하여야 한다.

즉결심판의 특칙

① 심리상의 특칙

즉결심판의 심리는 통상의 공판절차에서 요구되는 준비절차가 생략되고 즉시 기일을 열어 심판해야 한다. 판사는 상당한 이유가 있는 경우에는 개정하지 아니하고 피고인의 진술서와 경찰서장이 송부한 서류 또는 증거물에 의하여 심판할 수도 있다. 다만, 피고인을 구류에 처할 경우에는 개정하여 심판하여야 한다.

② 증거에 대한 특칙

즉결심판에서 증거조사대상은 경찰서장이 제출한 서류 또는 증거물과 심리기일에 법정 내에 있는 증거에 한정된다. 증거법상의 전문법칙[25]의 예외가 광범위하게 인정된다. 특히 경찰작성의 피의자신문조서에 대해 증거능력제한규정을 배제하여 즉결심판의 심리기일에 피고인이 그 내용을 부인하더라도 증거로 사용할 수 있다.

---

25) 전문법칙(傳聞法則)이란 타인으로부터 전하여 들은 증거는 증거로 사용할 수 없다는 증거법상의 원칙이다. 예를 들어 범행현장을 목격한 A로부터 이를 전해들은 B가 공판정에 증인으로 출석하여 한 증언은 전문증거로서 증거로 사용할 수 없다는 것이다.

정식재판의 청구방법은

즉결심판을 통해 유죄선고를 받은 피고인은 정식재판을 청구할 수 있다. 피고인에게 무죄·면소·공소기각이 선고된 경우에는 경찰서장도 정식재판을 청구할 수 있다.

① 서면에 의한 청구

피고인이 즉결심판에 불복하려면 즉결심판의 선고·고지를 받은 날부터 7일 이내에 정식재판청구서를 경찰서장에게 제출하면 된다.

② 법정에서 구두로 청구

피고인은 즉결심판법정에서 판사에게 구두로 정식재판청구의 의사를 표시할 수도 있다. 그러나 피고인이 구두로 법정에서 정식재판을 청구한 경우에도 정식재판청구의 의사를 명백히 하기 위하여 판사가 피고인에게 정식재판청구서를 제출케 할 때가 많다.

정식재판청구서의 작성은 어떻게

피고인이 정식재판청구서를 제출하는 경우 청구서에는 즉결심판에 불복한다는 취지의 기재만 있으면 되고 그 이유에 대하여는 별도로 기재할 필요가 없다. 그러나 사실상 피고인이 형량이 높다고 주장하거나 무죄라고 생각한다면 그 이유를 기재하는 것이 유리하다. 적법한 정식재판의 청구가 이루어지면, 통상적인 공판절차에 의한 재판이 진행된다.

형사재판의 처리기한이 정해져 있는가?

☞ 형사재판은 제1심에서는 공소가 제기된 날로부터 6월 이내에, 항소심 및 상고심에서는 기록의 송부를 받은 날로부터 각 4월 이내에 하도록

되어 있다. 또한 판결의 선고는 원칙적으로 변론이 종결된 날에 즉시 하여야 한다.

신속한 재판을 받을 권리

일반적으로 재판은 매우 오래 걸리고 지루한 과정이라고 느낀다. 특히 형사재판이 오래 지속되면, 피고인의 법률적 지위가 불안해지고 자연히 정신적으로 스트레스를 많이 받게 된다. 그러므로 피고인의 입장에서는 자신에게 유리하게 재판이 빨리 끝나기를 기대한다. 따라서 피고인도 신속한 재판을 받을 권리가 있다.

형사재판의 처리기한은 정해져 있어

형사소송의 지연을 방지하고 피고인의 권리를 보호하기 위하여 「소송촉진 등에 관한 특례법」은 형사재판의 처리기한을 정하고 있다. 형사재판에서 판결의 선고는 제1심의 경우 검사가 공소를 제기한 날로부터 6월 이내에, 항소심 및 상고심의 경우 상소법원이 원심법원으로부터 기록의 송부를 받은 날로부터 각 4개월 이내에 하도록 하고 있다. 따라서 형사사건에서 공소가 제기된 후 재판을 끝내야 하는 기간은 각 심급별로 6월(1심), 4월(2심), 4월(3심)이며 모두 합하여 최장 14월이 걸리는 셈이다.

판결의 선고는 원칙적으로 변론이 종결된 기일에 하여야

결심이 끝난 후 2~3주 후에 선고기일을 지정할 경우 공판정에서의 생생한 인상을 유지한 채 판결을 선고하기 어렵다. 이에 따라 개정 형사소송법은 판결의 선고는 원칙적으로 변론이 종결된 기일에 하도록 하고, 특별한 사정이 있는 경우에 한하여 예외적으로 다른 날에 선고기일을 지정할 수 있도록 하였다. 다만, 이 경우에도 변론이 종결된 날로부터 14일 이내에 선고기일을 정하여야 한다.

종국재판의 종류로는 어떠한 것이 있는가?

☞ 종국재판의 종류로는 유·무죄의 판결, 관할위반의 판결, 공소기각의 판결 및 결정, 면소의 판결 등이 있다.

종국재판이란

종국재판이란 1심, 2심, 3심의 각 심급에서 종결시키는 재판을 말한다. 종국재판에는 사건의 실체에 대하여 판단하는 실체재판(實體裁判)과 사건의 절차적·형식적 법률관계를 판단하는 형식재판(形式裁判)으로 구분된다. 실체재판은 본안재판(本案裁判)이라고 부르기도 하는데, 이로 인한 판결의 결과로는 유죄판결과 무죄판결이 있다. 종국재판인 형식재판으로는 관할위반의 판결, 공소기각의 판결 및 결정, 면소의 판결이 있다. 그리고 종국 전의 판결은 모두 형식재판에 해당한다.

실체재판의 종류

① 유죄판결

유죄판결은 피고사건을 실질적으로 심리한 결과 범죄가 증명된 경우에 형을 선고하거나 형을 면제하거나 형의 선고를 유예하는 판결이다. 형의 종류에는 사형, 징역, 금고, 자격상실, 자격정지, 벌금, 구류, 과료, 몰수의 9가지가 있으며, 병과규정[26]이 있는 경우에는 병과도 가능하다.

---

26) 병과규정이란 동시에 둘 이상의 형벌을 과하는 것으로, 예를 들어 사기나 공갈죄에 있어서 자유형이나 벌금형과 더불어 10년 이하의 자격정지를 병과할 수 있도록 하고 있다.

② 무죄판결

피고사건에 대하여 형벌권이 없음을 확인하는 판결을 말한다. 즉 피고사건이 범죄로 되지 않거나 범죄사실의 증명이 없는 때에는 판결로써 무죄의 선고를 하여야 한다.

형식재판의 종류

① 관할위반의 판결

관할위반의 판결은 피고사건이 법원의 관할에 속하지 아니할 때 사건의 실체에 대한 심리를 하지 않고 소송을 종결시키는 형식재판이다. 여기서 관할이란 토지관할(지역적 관할)과 사물관할(단독판사, 합의부 등)을 말한다.

② 공소기각의 재판

공소기각의 재판은 피고사건에 대하여 관할권위반이 아닌, 다른 형식적 소송조건이 결여된 경우에 절차상의 하자를 이유로 사건의 실체에 대한 심리를 하지 않고 소송을 종결시키는 형식재판의 일종이다. 공소기각의 재판에는 공소기각의 결정과 공소기각의 판결이 있다. 결정에 의한 공소기각은 판결에 의한 공소기각보다 그 절차상의 하자가 더 명백하고 중대한 경우이다. 결정의 재판형식은 구두변론을 거치지 않고 할 수 있다는 점에서 판결의 재판형식에 비하여 더 간결하게 재판을 종결할 수 있기 때문이다.

1) 공소기각의 결정

공소기각의 결정은 ① 공소가 취소되었을 때, ② 피고인이 사망하거나 피고인인 법인이 존속하지 아니하게 되었을 때, ③ 관할의 경합으로 인하여 재판할 수 없을 때, ④ 공소장에 기재된 사실이 진실하다고 하더라도 범죄가 될 만한 사실이 포함되지 아니한 때에 하게 된다.

2) 공소기각의 판결

공소기각의 판결은 ① 피고인에 대하여 재판권이 없는 때, ② 공소제기의 절차가 법률의 규정에 위반하여 무효인 때, ③ 이중으로 공소가 제기되었을 때, ④ 공소취소 후 다른 중요한 증거를 발견하지 않았음에도 불구하고 공소가 제기되었을 때, ⑤ 친고죄(강간죄, 간통죄 등)에 있어서 고소의 취소가 있은 때, ⑥ 반의사불벌죄에 있어서 처벌을 희망하지 아니하는 의사표시가 있거나 처벌을 희망하는 희사표시가 철회된 경우에 하게 된다.

③ 면소의 판결

면소판결은 ① 동일 사건에 대하여 이미 확정판결(유죄, 무죄, 면소판결에 한하며, 약식명령, 즉결심판, 통고처분에 의한 범칙금 납부를 포함)이 있었던 때, ② 사면(일반사면에 한함)이 있은 때, ③ 공소시효가 완성되었을 때, ④ 범죄 후에 법령의 개폐로 형이 폐지되었을 때 선고하는 재판이다. 면소판결이 있는 경우에는 일사부재리[27]의 효력이 인정된다. 일사부재리의 효력은 원칙적으로 실체재판에는 인정되지만, 형식재판에는 인정되지 않는다. 그러나 면소판결은 형식재판의 일종이기는 하지만 일사부재리의 효력이 미친다.

상소했다가 오히려 더 중한 형벌을 받을 수도 있는가?

☞ 피고인만이 상소한 경우 원심의 형보다 더 중한 형을 부과할 수 없도

27) '일사부재리'란 한 번 재판을 받은 사건에 대해서 다시 심리하지 아니한다는 뜻으로 '모든 국민은 동일한 범죄에 대하여 거듭 처벌되지 않는다'는 헌법상의 권리의 표현이다. 즉 하나의 범죄사건 때문에 이중으로 수사나 재판을 받아서는 안 된다는 것을 말한다.

록 되어 있다. 이것을 '불이익변경금지의 원칙'이라고 한다. 약식명령이나 즉결심판에 불복하여 피고인만이 정식재판을 청구한 경우에도 이와 같은 불이익변경금지의 원칙이 준용된다.

불이익변경금지원칙

불이익변경금지원칙은 피고인이 상소한 사건이나 피고인을 위하여 상소한 사건에 관해 상소심이 원심판결의 형보다 중한 형을 선고하지 못하는 것을 말한다. 판결주문에 선고된 형이 중하게 변경되지 않는 한 사실인정, 법령적용, 죄명선택 등 피고인에 대한 책임판단내용이 중하게 변경되더라도 불이익변경금지원칙에 위배되지 아니한다. 불이익변경금지원칙은 중한 형으로의 변경을 금지한다는 의미에서 더 정확히 표현하자면 중형변경금지원칙이라고 할 수 있다. 불이익변경금지원칙은 피고인의 정당한 상소권을 보장하기 위한 취지에서 나온 형사소송원칙이다. 즉 피고인이 더 중한 형벌을 받을 것을 염려하여 상소를 못하는 사태를 미연에 방지하고, 마음 놓고 상급법원에 상소할 수 있도록 하기 위함이다.

피고인만이 상소한 사건에 적용

불이익변경금지원칙은 피고인만이 상소한 사건에 대해 적용되며, 검사만 상소한 사건이나 검사와 피고인이 함께 상소한 사건에 대해서는 적용되지 아니한다. 불이익변경금지원칙은 항소심과 상고심에 모두 적용된다.

약식명령이나 즉결심판에 불복하여 정식재판을 청구하는 경우에도 적용

약식명령이나 즉결심판에 불복하여 정식재판을 청구하는 것은 상소제도가 아니다. 정식재판을 청구하여 공판이 열리더라도 그 공판절차는 약식재판이나 즉결심판과 마찬가지로 제1심 재판에 해당하기 때문이다. 이처럼 동일한 심급인 경우에는 이론적으로 볼 때 불이익변경금지원칙이 적용될 여지가 별로 없다. 그러나 우리 형사소송법은 약식명령에 불복하여 정식재판을 청구할 때도 불이익변경금지원칙을 적용한다는 명시적 규정을 두고 있으며, 판례는 즉결심판에 불복하여 정식재판을 청구하는 경우에도 이 규정을 준용하고 있다(대판 1999.1.15. 선고, 98도2550 판결).

유죄판결이 확정된 이후에 무죄임이 증명된 때에 그 결과를 되돌릴 수 있는 방도가 없는가?

☞ 무죄를 증명할 명백한 새로운 증거가 있다면, 이를 근거로 법원에 재심을 청구하면 된다.

유죄의 확정판결에 중대한 사실인정의 오류가 있는 경우

상소기간이 경과하도록 상소가 제기되지 않으면 판결은 확정된다. 이처럼 판결이 확정되면 더 이상 상급법원에 상소할 수 없다. 그러나 유죄가 확정된 판결에 중대한 사실인정의 오류가 있는 경우에는 이를 시정하기 위한 비상구제절차로서 재심제도가 있다. 재심은 확정판결의 시정을 위한 절차이므로 재판이 확정되기 전의 불복신청제도인 상소와 다르다. 판결이 확정된 경우라도 억울한 피해자를 구제하기 위하여 '재심'이라는 비상구제절차를 마련하고 있는 것이다.

재심사유는

재심은 예외적인 비상구제절차이기에 우리 형사소송법은 이러한 예외가 인정되는 재심사유를 개별적으로 열거하고 있다. 재심사유는 확정판결 후에 원판결의 사실인정자료가 허위로 밝혀진 경우와 사실인정을 변경할 만한 새로운 증거가 발견되는 경우로 크게 구분할 수 있다. 실무상 재심이 받아들여지는 경우는 대개 새로운 증거가 발견된 때이다.

① 오류발견에 따른 재심사유

오류발견에 따른 재심사유로는 1) 원판결의 증거가 된 서류 또는 증거물이 확정판결에 의하여 위조 또는 변조된 것으로 증명된 때, 2) 원판결의 증거가 된 증언, 감정, 통역 또는 번역이 확정판결에 의하여 허위인 것으로 증명된 때, 3) 무고로 인하여 유죄선고를 받은 경우에 그 무고죄가 확정판결에 의하여 증명된 때, 4) 원판결의 증거가 된 재판이 확정판결에 의하여 변경된 때, 5) 저작권, 특허권, 실용신안권, 디자인권 또는 상표권을 침해한 죄로 유죄선고를 받은 사건에 관하여 그 권리에 대한 무효의 심결 또는 무효의 판결이 확정된 때, 6) 원판결·전심판결 또는 그 판결의 기초된 조사에 관여한 법관, 공소제기 또는 그 공소의 기초된 수사에 관여한 검사나 사법경찰관이 그 직무에 관한 죄를 범한 것이 확정판결에 의하여 증명된 때가 있다.

② 새로운 증거에 의한 재심사유

유죄의 선고를 받은 자에 대하여 무죄 또는 면소를 인정할 명백한 증거가 새로 발견된 때, 형의 선고를 받은 자에 대하여 형의 면제 또는 원판결이 인정한 죄보다 경한 죄를 인정할 명백한 증거가 새로 발견된 때도 재심사유가 된다. 이 경우 증거의 신규성과 명백성이 인정되어야 한다. 여기서 증거의 신규성이 인정되기 위해서는 확정된 원판결의 소송절차에서 발견하지 못하였거나 또는 발견되었다 하더라도 이를 제출할 수 없었던 증거를 제출하였거나 조사할 수 있게 된 경우를 말한다. 그리고 증거의 명백성이 인정되려면 새로이 발견된 증거가 이미 확정된 판결을 파기할 정도의 효력을 가질 만큼의 증거일 것이 요구된다.

③ 원판결의 법률적용에 변경을 가져오는 재심사유

헌법재판소가 해당 법률에 관하여 위헌(무효)결정을 한 경우도 재심사유가 된다.

재심청구권자

재심을 청구할 수 있는 사람은 1) 검사, 2) 유죄선고를 받은 자, 3) 유죄선고를 받은 자의 법정대리인, 4) 유죄선고를 받은 자가 사망했거나 심신장애가 있는 경우에는 그의 배우자, 직계친족 또는 형제자매, 5) 변호인이다. 검사는 공익의 대표자이기 때문에 피고인의 이익을 위하여 재심을 청구할 수 있도록 되어 있다.

재심의 청구방법

재심청구서에 재심청구의 취지와 이유를 구체적으로 기재한 후 원판결의 등본 및 증거자료를 첨부하여 원판결을 선고한 법원에 제출하면 된다. 상소기각판결에 대한 재심청구일 때에는 그 상소기각판결등본과 원심판결등본도 함께 첨부하여야 한다. 재심은 그 이익이 있는 한 언제든지 청구할 수 있다.

재심의 절차

재심이 청구되면 법원은 재심을 받아들일 것인지 혹은 기각할 것인지의 여부를 결정하여야 한다. 만일 재심개시결정을 하게 되면, 법원은 판결을 한 심급의 절차에 따라 다시 심판하여야 한다. 재심의 결과 무죄판결이 선고되면 그 판결을 관보와 그 법원소재지의 신문에 게재하여 공고하게 되어 있다.

나의 잘못이 아닌 사유로 상소기간 내에 상소하지 못한 경우에 상소할 길이 전혀 없는가?

☞ 원심법원에 상소권의 회복을 청구함과 동시에 상소를 제기하면 된다.

상소권회복청구제도

상소는 원심판결이 선고·고지된 날로부터 7일이 지나면 더 이상 상소할 수 없게 된다. 그런데 상소권자의 잘못이 아닌 사유로 미처 상소를 하지 못하여 재판이 확정된 경우까지 상소권을 박탈하는 것은 당사자의 재판을 받을 권리를 침해하는 것이다. 이를 방지하기 위해 형사소송법은 상소권자가 상소기간 내에 상소하지 못하더라도 자신에게 책임이 없는 경우라면 원심법원에 상소권회복의 청구를 할 수 있는 길을 열어놓고 있다.

상소권회복의 청구가 인정된 경우

피고인의 주거변경 사실이 기록상 분명히 나타나 있음에도 불구하고 피고인의 변경된 주거지에 소환장을 송달하지 않고 변경 전의 주거지로 소환장을 송달하여 그것이 송달불능이 되자 바로 공시송달의 방법에 의하여 피고인을 소환하였으나 출석하지 않자 재판을 진행하여 판결한 경우에는 상소권회복 청구를 인정하고 있다(대법원 1988.11.8. 선고, 88도1642 판결). 또한 교도소의 장이 법원의 결정정본을 송달받고 1주일이 지난 뒤에 그 사실을 피고인에게 알려주는 바람에 항소기간이 경과하여 항소장을 제출할 수 없게 된 경우에도 상소권회복 청구가 인정된 바 있다(대법원 1991.5.6. 선고, 91모32 결정).

상소권회복 청구가 인정되지 않은 경우

그러나 법정소란 등의 이유로 실형이 선고된 것을 집행유예가 선고된 것으로 잘못 전해 듣고 항소기간 내에 항소하지 못한 경우에 상소권회복 청구를 인정하지 않았으며(대법원 1987.4.8. 선고, 87모19 결정), 공소제기 이후에 이사한 피고인이 신주소지를 법원에 제출하지 않아 소송서류가 송달되지 아니하여 공판기일에 출석하지 못하여 판결내용을 몰라 상소기간이 경과한 경우에도 상소권회복을 인정하지 않았다(대법원 1992.7.21. 선고, 92모32 결정).

상소권회복청구의 방법은

상소권회복청구는 원인된 사유를 소명한 서면을 자신의 책임질 수 없는 사유가 끝난 날(대개는 그 사실을 알게 된 날)로부터 상소기간인 7일 이내에 원심법원에 제출하면 된다. 상소권회복청구를 할 때는 그 청구와 동시에 상소를 제기하여야 한다.

6

형사합의

형사사건의 경우 사람들은 왜 한사코 합의를 하려 하는가?

☞ 피해자와 합의를 해야 처벌받지 않거나 정상이 참작되어 형벌이 감경되기 때문이다.

합의의 본래적 의미는

합의(合意)는 당사자 사이의 의사가 서로 일치한다는 의미로, 당사자가 서로 양보하여 서로간의 분쟁을 종지할 것을 약정함으로써 성립하는 민법상의 화해계약의 일종이다. 이러한 당사자 사이의 계약이 형사사건에서 '합의'라는 이름으로 통용되고 있다.

합의의 형사법적 효과

① 합의가 고소취소로 이어져서 더 이상 처벌할 수 없게 되는 경우가 많다.

고소사건에서 고소취소가 이루어지면 피의자에 대하여 공소를 제기할 수 없게 되는 경우가 많다. 예를 들어 친고죄나 반의사불벌죄인 경우 고소취소가 이루어지면 검사는 더 이상

기소할 수 없다. 이를테면 배우자가 있는 두 남녀가 간통죄로 고소당하여 구속되었다고 하더라도 피해자와 서로 합의되어 고소가 취소되면 처벌할 수 없다. 그러나 합의 그 자체만으로는 안 되고 이러한 합의에 기초하여 고소취소가 이루어져야 한다. 사정에 따라서는 합의서와 함께 '관대한 처분을 바란다'는 취지의 탄원서가 제출된 때에는 고소의 취소가 있는 것으로 볼 수도 있다(대법원 1981.1.31. 선고 80도2210 판결).

② 정상참작의 사유가 되는 경우도 있다.

친고죄나 반의사불벌죄를 제외한 대부분의 범죄의 경우 피해자와의 합의가 있으면 '범죄 후의 유리한 정황'으로 작용하게 된다. 이 경우 가해자는 피해자에게 손해배상을 한 것으로 보아 원래 받을 형벌보다 감해지기 쉽다. 이렇듯 형사사건에서의 합의의 효력은 처벌이 되느냐 안 되느냐 혹은 처벌이 된다면 얼마나 선처를 받을 수 있느냐의 여부와 밀접하게 관련되어 있다.

형사사건의 결과가 민사상의 손해배상에 어떤 영향을 미치는가?

☞ 형사소송과 민사소송은 별개의 절차이나, 대개는 형사소송의 결과가 민사소송에도 영향을 미치는 것이 사실이다.

기본적으로 형사소송과 민사소송은 별개

대법원은 형사소송과 민사소송은 그 목적과 심판절차를 달리하므로 동일한 증거라고 하더라도 그 가치판단을 달리할 수 있다고 하면서, 민사재판은 반드시 형사판결이 확정한 사실에 구속을 받는 것이 아니므로 증거에 의하여 다른 사실을 확정할 수 있다고 한다(대법원 1968.4.23. 선고, 66다2499 판결). 따라서 동일한 사건이라 할지라도 기본적으로 형사사건과 민사사건은 별개이며, 형사사건의 결과는 민사재판의 증거자료가 되는 데 불과하다.

그러나 실무상으로는 서로 밀접하게 영향을 미치고 있어

그렇다고 하여 형사사건의 결과를 민사재판에서 도외시한다면, 판결의 모순을 초래하고 사법(司法)불신을 조장할 수 있다. 대법원도 동일한 사실관계에 관하여는 이미 확정된 형사판결의 결과가 유력한 증거자료가 되기 때문에 특별한 사정이 없는 한 이와 반대되는 사실을 인정할 수 없다(대법원 1995.1.12. 선고, 94다39215 판결)고 함으로써 형사재판결과를 민사재판에도 반영하도록 하고 있다. 다만, 다른 민·형사사건 확정판결의 사실판단 부분이 당해 민사재판에 제출된 다른 증거내용에 비추어 그대로 인정하기 어렵다고 인정될 경우에는 이를 배척할 수 있다(대법원 2000.2.25. 선고, 99다25472 판결)고 보고 있다. 따라서 형사재판에서 형법상의 강제집행면탈죄가 인정된다면 민사재판인 사해행위[28] 취소소송에도 영향을 미칠 가능성이 높다.

경찰관이나 검사가 합의를 강요할 수 있는가?

☞ 합의는 당사자들이 자율적으로 하는 것이지 수사기관이 이를 강요할 수 없다.

---

28) 사해행위(詐害行爲)란 채무자가 돈을 갚지 않을 목적으로 제3자와 짜고서 재산을 제3자 명의로 빼돌리거나 저당권을 설정해 줌으로써 재산의 감소를 초래하여 채권변제를 할 수 없게 만드는 것을 말한다.

수사기관의 합의종용의 양면성

형사사건에서 경찰관이나 검사가 합의를 강요하는 사례를 종종 볼 수 있다. 대부분은 당사자들이 서로 화해하기를 바라는 마음이 있기 때문이다. 그러나 다른 한편으로 피해자와 가해자가 합의를 하면 더 이상 수사할 필요 없이 사건을 조기에 종결할 수 있다는 수사편의성 때문에 합의를 강하게 권하는 것도 사실이다.

합의는 재산범죄 사건에서 많아

합의는 주로 재산범죄 사건에서 많이 행해진다. 특히 검사가 기소하기에는 다소 무리가 따르고, 무혐의처분을 내리기도 부담스러운 사건에서 합의를 권유 내지 강요하는 사례가 많다. 진정한 화해보다는 조속한 사건처리의 방편으로 합의를 이용하는 경우이다. 현재 범죄피해자지원센터[29]에서 화해중재의 형태로 행하고 있는 고소사건에 대한 형사조정제도라는 것도 결국 이러한 합의를 유도하기 위한 한 방안이기도 하다.

합의의 강요는 불법행위에 해당될 수도 있어

합의는 당사자 사이의 화해계약의 일종이다. 따라서 수사기관이 신속한 사건처리를 목적으로 당사자에게 합의를 강요해서는 안 된다. 그럼에도 불구하고 수사기관이 계속하여 합의를 강요하는 것은 단순히 사건처리의 용이함을 위함일 수도 있지만, 경우에 따라서는 일방 당사자와 짜고서 합의를 강요하는 것일 수도 있다. 만일 이것이 사실이라면 수사기관의 불법행위(예: 직권남용)에 해당된다.

---

29) 범죄피해자지원센터는 전국의 각 검찰청 관할구역별로 설립되어 활동하고 있는 피해자보호를 위한 비영리민간단체이다.

당해 사건과 전혀 관계없는 사람이 나타나 형사합의를 강요하는데 어떻게 해야 하는가?

☞ 사건과 관계없는 제3자와는 합의하지 않는 것이 좋다. 제3자가 계속 협박(합의종용)하면 수사기관에 신고해야 한다.

합의과정의 불청객인 사건브로커

형사사건이 있는 곳에 합의를 강요하는 사람이 곧잘 등장하는 것을 볼 수 있다. 특히 강간, 강제추행 및 간통 등 성(性)과 관련된 범죄사건에 있어서 이런 일이 종종 있다. 이 경우 이른바 '삼촌'으로 불리는 건장한 사내 또는 '이모'라고 불리는 마담뚜가 나타나 합의를 종용한다. 일반적으로 성범죄와 관련된 문제는 드러내기를 꺼려하고 자칫 공개되면 부도덕한 사람으로 매도당할 수 있는 사회적 정서를 이용하여 합의과정에서 한몫 챙기려는 불순한 의도를 가지고 접근하는 자들이 많다. 이런 사건브로커들은 합의과정에 개입하여 때로는 협박, 회유 등과 같이 심리적으로 참기 어려운 언행을 일삼는다. 또한 합의하기에는 터무니없이 많은 금액을 요구하여 도저히 수용하기 어려운 경우가 많다. 그렇다고 하여 이 사실을 수사기관에 신고하자니 자신의 사회생활에 미칠 파장을 우려할 수밖에 없어 결국에는 이러지도 저러지도 못하고 그야말로 속수무책일 수밖에 없는 경우가 발생하기도 한다.

합의과정에 제3자가 개입해서는 안 돼

합의는 어디까지나 당사자 사이의 자율적인 의사에 기초해야 한다. 따라서 당해사건과 무관해 보이는 제3자가 나서서 중개를 한다며 합의를 강요한다면 일단 그 제3자가 그럴 만한 자격을 갖추었는지 여부를 따져 보아야 한다. 미성년자인 경우에는 그 법정대리인(예: 부모)인지 여부도 명확히 알아본 후에 합의에 임해야 한다.

第3자의 개입에 어떻게 대응할 것인가

① 개입하지 말 것을 확실히 말한다.

만일 합의를 강요하는 사람이 나타나면 먼저 그 사람의 신분을 확인한 후 당해 사건과 전혀 상관이 없는 사람이면 분명하게 "제3자는 개입하지 말라. 제3자가 개입하는 것은 불법이므로 만일 더 이상 개입하면 법적으로 대응하겠다"라는 의사표시를 확실히 표현해야 한다. 즉, 합의를 하더라도 당사자와 직접 하겠다는 말을 분명히 해두어야 한다.

② 행동에 대한 증거를 확보한다.

합의강요자의 불법적인 협박이나 공갈이 계속되면 처음부터 그의 행동과 말을 기록해 두거나 녹취 등의 방법으로 증거를 확보해 두는 것이 중요하다. 그래야만 부당하게 개입하려는 자가 자칫 나중에 자신이 공갈죄, 강요죄 및 협박죄 등으로 처벌받을 수도 있다는 생각을 하게 되어 함부로 행동하지 못하게 된다.

③ 도저히 안 될 것 같으면 경찰에 신고한다.

이런 일이 있으면 대부분의 사람들은 사실을 은폐하기에 급급한 나머지 쉬쉬하면서 합의를 강요하는 사람에게 끌려 다니는 경우가 많다. 그러나 이는 바람직하지 못한 행동으로 오히려 상대방의 기세만 올려주는 꼴이 되기 십상이다. 따라서 다소 사회적 체면이 깎이더라도 경찰에 신고하는 것이 가장 현명한 방법이며, 오히려 더 큰 문제없이 사건을 빨리 끝낼 수 있는 방법임을 명심해야 한다.

형사합의서는 어떻게 작성하는 것이 좋은가?

☞ 합의서는 특별한 양식이 정해져 있지는 않으나, 그 내용에 "서로 원만히 합의하며 가해자에 대하여 선처를 구한다"는 문구가 들어가면 된다.

합의서의 방식 및 내용은 자유로워

합의도 일종의 계약이기 때문에 다른 계약과 마찬가지로 '어떠한 방식으로 할 것인가', '어떠한 내용으로 할 것인가' 등에 대한 당사자 사이의 의사자유가 인정된다. 따라서 가해자와 피해자 사이의 합의의 결과물인 '합의서의 작성' 역시 자유로운 방식에 따르며, 법에 정해진 방식이 따로 없다. 다만 그 합의서 안에 진실로 피해자와 가해자가 합의한다는 내용이 들어가 있어야 하며, 합의의 조건이 있는 경우 이를 명확히 표현해 두는 것이 좋다.

합의서의 제출은 반드시 피해자가

합의서는 반드시 피해자가 수사기관이나 법원에 제출하여야 한다. 합의는 피해자가 응하여야만 가능한 것이므로 합의에 있어서 가장 중요한 사람이 피해자이기 때문이다. 수사기관의 입장에서는 합의라는 결과여부에 따라 이를 근거로 사건을 종결하기도 하고, 법원의 입장에서는 이를 양형에 반영하고 있다. 따라서 수사기관이나 법원의 입장에서는 피해자가 직접 합의서를 제출하여야만 진실한 합의로 보고 사건을 처리하게 된다. 대개는 가해자와 피해자가 함께 가서 제출하는 것이 관행이다. 가해자의 입장에서도 피해자가 정말 합의서를 제출하는지 여부를 자신의 눈으로 확인하고 싶어하기 때문이다.

실제 합의서의 예

합 의 서

귀청에서 수사 중인 가해자 A에 대한 폭력행위등처벌에관한법률위반 사건에 있어서 피해자와 가해자는 서로 원만히 합의하였으므로 가해자를 선처해 주시기 바랍니다. 아울러 이후 서로 일체의 민·형사상 책임을 묻지 아니하기로 하고 이에 합의서를 제출합니다.

XXXX년 XX월 XX일

피해자 ××× ㊞

가해자 ××× ㊞

XX경찰서(검찰청) 귀중

합의서에 "이후 일체의 민·형사상 이의를 제기치 아니하기로 한다"는 문구를 넣었다면 이제 더 이상 이의를 제기할 수 없는 것인가?

☞ 합의서 작성 당시 피해자가 전혀 예상할 수 없었던 후유증 발생으로 인한 경우에는 이의제기가 가능하다.

합의서의 기재사항

형사합의를 할 때에는 대개 가해자와 피해자 간에 합의서라는 서면을 작성하는데 이는 합의 이후에 혹시 있을지도 모를 분쟁을 미연에 방지하기 위함이다. 이 합의서에서 가해자는 대부분 “이후 일체의 민·형사상 이의를 제기치 아니하기로 한다”라는 문구를 넣기를 원하고, 피해자는 이 문구를 넣지 않기를 원한다. 그러나 대부분의 피해자들은 가해자가 피해를 배상해 주기 때문에 합의에 응하는 것이므로 이러한 문구를 넣는데 동의하곤 한다.

예기치 않은 후유증이 발생한 경우에는 손해배상을 청구할 수 있어

일반적으로 피해자가 가해자로부터 일정한 금액을 받고 나머지 모든 민·형사상의 청구를 포기하기로 합의한 때에는 그 후 그 이상의 손해가 발생하더라도 다시 손해배상을 청구할 수 없다. 그러나 범죄사건이 있은 지 얼마 지나지 아니하여 손해의 범위를 정확히 확인하기 어려운 상황에서 합의가 이루어졌고, 합의 후에 발생한 손해가 합의 당시의 사정으로 보아 예상하기 불가능한 것으로서 만약 이를 예상하였더라면 사회통념상 그 합의금액으로 화해하지 않았을 것이라고 볼 정도로 손해가 중대한 것일 때에는 다시 손해배상을 청구할 수 있다(대법원 2000.1.14. 선고, 99다39418 판결). 예를 들어 후유증이 발생하는 경우와 같이 합의 당시에 전혀 예상하지 못했던 상황이 전개될 수도 있다. 설사 합의서에 ‘이후 일체의 민·형사상 이의를 제기하지 안 하겠다’는 조항을 넣어 합의하였다 하더라도, 합의서 작성당시 피해자가 전혀 예상할 수 없었던 후유증이 발생한 경우에는 손해배상을 청구할 수 있다(대법원 1970.8.31. 선고, 70다1284 판결). 결론적으로 말하자면, 합의를 하면서 “민·형사상 이의를 제기치 않겠다”고 한다거나 “더 이상의 청구를 하지 않는다”는 형태의 문구를 포함하더라도 이는 합의 당시의 예견 가능한 피해에 대한 것으로 한정해서 보아야지, 예상 불가능한 중대한 후유장애까지 모두 포함하는 것으로 이해해서는 안 된다. 또한 이는 당사자의 합의의 기초가 된 부분에 대하여 중대한 사정변경이 생긴 경우에 해당되므로 민법상 신의성실의 원칙에 입각하여 볼 때도 인정될 여지가 있다.

합의를 하고 싶은데 피해자가 만나주지 않거나 연락이 되지 않아 합의할 수 없는 경우 어떻게 하면 되는가?

☞ 합의를 하고 싶은데 상대방이 만나주지 않으면 합의금에 상당한 금액을 법원에 공탁하면 된다.

공탁제도란

합의는 우선 가해자와 피해자가 서로 만나는 것으로부터 시작한다. 그래야만 합의를 하고 이를 합의서의 형태로 작성하여 수사기관 및 법원에 제출할 수 있기 때문이다. 그런데 가해자가 합의를 하고 싶어도 피해자가 이런저런 이유를 들어 만나주지 않거나 연락이 되지 않아 합의를 할 수 없는 경우가 발생하기도 한다. 이러한 경우를 예상하여 공탁(供託)이라는 제도가 있다. 공탁이란 금전, 유가증권, 물품을 공탁소(실무적으로는 법원의 공탁담당부서로 이해하면 됨)에 맡겨 법률에 정한 일정한 목적을 달성하는 제도로 반드시 법률에 공탁사유가 있어야 한다. 공탁의 종류로는 변제공탁, 보증공탁, 집행공탁, 보관공탁, 몰취공탁 등이 있다.

형사합의에 관한 것은 변제공탁에 해당

① 변제공탁이란

가해자가 변제를 하려고 하여도 피해자가 변제를 받지 아니하거나, 변제를 받을 수 없는 경우 또는 피해자가 누구인지 구체적으로 알 수 없는 경우에 피해의 변상(변제)에 대신하여 금전 등을 공탁소에 맡기고 변제 및 이에 대한 책임을 면할 수 있는 것이 변제공탁이다. 형사절차상 합의와 관련되어 주로 문제되는 것이 바로 이 변제공탁이라고 할 수 있다. 피해자와의 합의는 원칙적으로 변제행위에 해당하기 때문이다.

② 공탁의 관할

형사합의공탁에서 공탁의 관할법원은 피해자의 주소지 법원이다. 다만 금전으로 하는 변제공탁인 경우에는 공탁자의 주소지와 피공탁자의 주소지가 너무 멀리 떨어져 있어 공탁을 하기에 시간·경제적으로 불리한 점이 있는 경우에 한하여 가해자의 주소지 등에서도 할 수 있도록 하고 있다. 따라서 공탁을 하기 위해서는 기본적으로 피해자의 주소를 알아야 할 경우가 많다.

③ 이해관계인의 상대방 주민등록초본 발급

주민등록표는 본인, 세대원 혹은 이들의 위임이 있는 경우에 한하여 발급받을 수 있다. 따라서 공탁 목적이라고 하더라도 상대방의 협조 없이는 상대방의 주민등록표를 발급받기란 불가능하다. 다만, 주민등록초본에 한하여 정당한 이해관계가 있는 자가 변호사 및 법무사 등의 확인을 받아 신청할 수 있는 예외규정이 있다. 따라서 변호사나 법무사의 확인을 받아 신청하는 방법을 활용하면 상대방의 주민등록초본으로 주소를 알 수 있다.

공탁의 효과

변제공탁은 공탁공무원의 수리처분과 공탁물보관자의 공탁물 수령으로 즉시 그 효력이 생긴다. 피공탁자(피해자)가 공탁금을 수령하였는지의 여부는 묻지 않는다. 만약 피공탁자(피해자)가 공탁통지서 수령일로부터 10년간 공탁료를 수령하지 않으면 공탁금은 국고에 귀속된다.

중요한 것은 공탁을 한다고 하여 반드시 수사기관 및 법원에서 합의가 된 것으로 보는 것은 아니라는 점이다. 적어도 공탁이 완전한 합의에 준할 정도로 인정받으려면 공탁금액이 적정해야 한다. 물론 공탁금액에 불구하고 가해자의 피해자에 대한 합의와 관련한 노력은 인정될 여지가 있다.

형사합의공탁을 할 때 유의할 점은

형사합의공탁에 있어서는 일반 공탁과는 달리 검사의 불기소결정(기소유예 제외)이나 무죄판결이 확정될 때까지 피공탁자(피해자)의 동의가 없으면 공탁자의 공탁금 회수를 제한하고 있다. 실무상으로는 공탁자로 하여금 공탁과 동시에 공탁금회수제한신고서를 제출하게 하고 있다. 이는 공탁자가 공탁을 함으로써 합의에 준하는 법률적 이익을 본 이후에 공탁금을 회수해 가는 부당한 경우를 막기 위해서이다.

가해자가 합의해 주지 않는다면 피해자는 별도로 민사소송을 제기해야 하는가?

☞ 형사법원에 배상명령을 신청하면 별도로 민사소송을 제기할 필요가 없다.

배상명령제도란

「소송촉진 등에 관한 특례법」은 일정한 범죄(상해죄, 중상해죄, 상해치사죄, 폭행치사상죄 및 과실치사상죄, 절도죄, 강도죄, 사기죄, 공갈죄, 횡령죄, 배임죄 및 손괴죄 등 피해의 범위를 판단하기 용이한 범죄)의 경우 피해자의 신속한 구제를 위하여 법원의 직권 또는 피해자의 신청에 의하여 형사판결과 동시에 손해의 배상을 명하는 판결을 할 수 있도록 하고 있다. 이 배상명령제도(賠償命令制度)는 피해자를 신속히 구제하는 데 그 목적이 있다. 즉 이 제도는 범죄피해자가 별도의 민사소송절차에 의하지 않고 형사재판절차를 통해 민사판결과 동일한 효과를 거둘 수 있는 장점이 있다. 다만, 배상명령의 범위는 피고사건의 범죄행위로 인하여 발생한 직접적인 물적 피해 및 치료비의 배상에 제한된다. 따라서 정신적 손해 및 장래 기대수입의 상실금액은 배상명령의 대상이 아니다.

배상명령의 절차는

배상명령은 법원의 직권 또는 피해자의 신청에 의하는데, 피해자의 경우 피해자 본인 또는 그 상속인이 신청할 수 있다. 또한 피해자는 법원의 허가를 얻어 배우자·직계혈족·형제자매 또는 호주[30]에게 배상신청에 관하여 소송행위를 대리하게 할 수 있다. 배상신청은 제1심 또는 제2심 공판의 변론종결시점까지 재판을 진행하고 있는 법원에 신청할 수 있다. 피해자가 배상신청을 하려면 신청서와 피고인의 수에 따른 부본을 첨부하여 제출하면 된다. 피해자가 증인으로 법정에 출석한 때에는 구술로 신청할 수 있다. 그 외에는 구술로 신청하는 것이 인정되지 않는다.

신청서의 기재사항은

1) 피고사건의 번호·사건명 및 사건이 계속된 법원,
2) 신청인의 성명·주소,
3) 대리인이 신청할 때에는 그 성명·주소,

30) 2008년 1월 1일부터 호적법이 폐지되고 가족관계의 등록 등에 관한 법률이 시행됨에 따라 호주는 제외되게 되었다.

4) 상대방피고인의 성명·주소,
5) 배상의 대상과 그 내용,
6) 배상을 청구하는 금액을 기재한 후 신청인 또는 그 대리인이 서명·날인하여야 한다.

배상명령의 효력

배상신청은 민사소송에 있어서의 소의 제기와 동일한 효력이 있으므로, 피해자는 피고사건의 범죄행위로 인하여 발생한 피해에 관하여 다른 절차에 의한 손해배상청구가 진행 중인 때에는 배상신청을 할 수 없다. 배상명령은 유죄판결의 선고와 동시에 하는데, 배상의 대상과 금액을 유죄판결의 주문에 표시함으로써 일정액의 금전지급을 명하는 방식으로 이루어진다. 확정된 배상명령 또는 가집행선고가 있는 배상명령이 기재된 유죄판결서의 정본은 집행력 있는 민사판결의 정본과 동일한 효력이 있다.

피고인과 피해자 사이의 합의서를 민사소송에 곧바로 이용하려면?

☞ 합의의 내용이 형사사건의 공판조서에 기재되면 확정판결과 같은 효력이 부여되어 곧바로 강제집행에 들어갈 수 있다.

합의서의 효력은 채권채무관계의 발생에 불과해

합의서의 효력은 당사자 간의 민사상 채권채무관계를 사실적으로 확인하는 데 그친다. 따라서 이 합의서의 내용 자체만으로는 채무자의 재산에 강제집행을 할 수가 없다. 이를 현실화하려면 우선 이 합의서의 내용을 원인으로 법원에 합의금 청구의 소송을 제기하여 판결을 받는 방법으로 권리의무관계를 법적으로 확정지어야 한다.

합의내용이 공판조서에 기재되면 곧바로 강제집행 할 수 있어

「소송촉진 등에 관한 특례법」은 민사상 다툼이 있는 형사재판에서 피고인과 피해자 간에 합의가 이루어진 경우 그 내용을 해당 법원의 공판조서에 기재하면 그 조서는 확정판결과 같은 효력을 가지도록 하고 있다. 이로써 합의한 내용에 대하여 별도로 민사소송을 제기하여 집행권원(판결문)을 받지 않더라도 공판조서에 의하여 곧바로 채무자의 재산에 대한 강제집행의 방법으로 채권을 실현할 수 있는 길이 열리게 되었다.

합의내용을 공판조서에 기재해 줄 것을 공동으로 신청해야

그러나 형사재판절차상 합의가 있었다는 사실만으로 당연히 공판조서에 기재되는 것은 아니다. 형사합의에 대하여 민사절차상의 재판상 화해[31]와 같이 확정판결과 같은 효력을 부여받기 위해서는 피고인과 피해자가 공동으로 해당 법원에 대하여 합의 내용을 공판조서에 기재해 줄 것을 신청하여야 한다. 이 신청은 해당 피고사건의 변론종결 전까지 공판기일에 출석하여 서면으로 해야 한다.

---

31) 민사절차상의 재판상 화해는 '제소 전 화해'와 '소송상 화해'가 있다. 화해의 시점을 소송제기 시점 전후로 구분하는 것으로서 둘 다 모두 당사자 사이의 화해가 성립되어 화해조서가 작성된 것을 의미한다. 민사소송법은 이러한 재판상의 화해조서에 대하여 확정판결과 동일한 효력을 부여하고 있다

가해자가 누구인지 알지 못하면 피해를 배상받을 길이 없는가?

☞ 범죄피해를 안 날로부터 2년 이내 또는 범죄발생 이후 5년 이내에 주소지나 범죄발생지를 관할하는 지방검찰청 산하 범죄피해자구조심의회에 범죄피해자구조금을 신청하면 된다.

범죄피해자구조의 요건은

범죄피해자구조의 요건은 사람의 생명 또는 신체를 해하는 범죄행위로 인한 사망 또는 중장해의 피해를 당한 자로서, 1) 가해자의 불명(不明) 또는 무자력(無資力)으로 인하여 피해의 전부 또는 일부를 배상받지 못하거나, 2) 범죄피해자가 자기 또는 타인의 형사사건의 수사 또는 재판에 있어서 고소·고발 등 수사단서의 제공, 진술, 증언 또는 자료제출과 관련하여 피해자로 된 때이다.

피해자나 유족의 생계유지가 곤란한 사정을 요구하지는 않아

개정 전의 범죄피해자구조법은 범죄피해자 또는 유족의 생계유지가 곤란한 사정이 있는 경우에 한하여 구조금지급을 허용했으나, 개정 범죄피해자구조법은 "생계유지가 곤란한 사정이 있는 경우" 부분을 삭제함으로써 범죄피해자에 대한 구조요건을 대폭 확대하였다. 또한 종전에 구조금을 받을 수 있는 유족의 범위를 "피해자의 사망 당시 피해자의 수입에 의하여 생계를 유지하고 있던 자" 중에서 일정한 자(배우자, 부모, 조부모 등)에 한하던 것을 개정법에서 이에 해당하지 않는 배우자, 부모, 조부모 등도 포함시킴으로써 유족의 범위를 확대하였다.

피해자구조금액은

장해구조금은 1급장해 600만원, 2급장해 400만원, 3급장해 300만원으로 되어 있다. 다만 피해자와 가해자가 친족관계인 경우, 피해자가 범죄행위를 유발하였거나 당해 범죄피해의 발생에 관하여 피해자에게 책임이 있는 경우, 기타 사회통념상 구조금의 전부 또는 일부를 지급하지 아니함이 상당하다고 인정되는 경우에는 구조금을 지급받을 수 없다.

피해자구조금의 신청방법은

구조금의 신청은 의사의 진단서를 첨부하여 피해자의 관할 주소지·거주지 또는 범죄발생지를 관할하는 지방검찰청 산하 범죄피해자구조심의회에 범죄피해의 발생을 안 날로부터 2년 또는 범죄피해가 발생한 날로부터 5년 이내에 하면 된다.

7

형의 집행

우리나라에는 다양한 종류의 형벌이 있다고 하는데, 징역과 금고의 차이는 무엇인가?

☞ 우리나라 형법은 사형, 징역, 금고, 자격상실, 자격정지, 벌금, 구류, 과료, 몰수의 9가지 종류의 형벌을 규정하고 있다. 징역은 교도소에서 정역(작업)에 복무할 의무가 있는 자유형인 반면, 금고는 그러한 의무가 없다는 점에서 서로 다르다.

우리나라에는 9가지 종류의 형벌이 존재

형법은 사형, 징역, 금고, 자격상실, 자격정지, 벌금, 구류, 과료, 몰수 등 총 9가지 종류의 형벌을 규정하고 있다. 박탈되는 법익의 종류에 따라 구별하면, 생명형(사형)·자유형(징역, 금고, 구류)·명예형(자격상실, 자격정지)·재산형(벌금, 과료, 몰수)으로 구분할 수 있다.

징역, 금고, 구류의 차이점은

징역과 금고 및 구류는 모두 사람의 자유를 제한 내지 박탈한다는 공통점이 있기 때문에 자유형이라고 부른다. 징역과 금고는 모두 1월 이상의 자유형인 데 반하여, 구류는 1월 미만의 단기자유형이라는 점에서 차이가 있다. 징역과 금고의 차이는 교도소에서 형을 복역함에 있어서 정역(작업)에 복무할 의무의 유무에 있다. 징역형이 선고된 수형자는 반드시 작업을 해야 할 의무가 있다. 반면, 금고는 작업을 할 의무가 없다. 금고는 원래 정치범에 대한 배려차원에서 활용되었으나, 지금은 정치범보다는 과실범에 대해서 주로 활용되고 있다. 특히 교통사범에 많이 부과되고 있다.

벌금, 과료, 몰수의 차이점은

과료는 2,000원 이상 50,000원 미만의 재산형이라는 점에서 원칙적으로 50,000원 이상인 벌금과 차이가 있다. 형의 경중을 따지는 데 있어서 벌금은 구류보다 무거운 형벌이지만, 과료는 구류보다 가벼운 형벌이다. 과료는 벌금과 액수에 있어서만 차이가 날 뿐, 재산박탈이라는 실체면에서는 물론 납입기간, 집행, 미납시의 환형유치, 가납 등 절차면에서도 아무런 차이가 없다. 몰수는 범죄행위에 사용하거나 사용하려 했던 물건(예: 총, 칼, 독약 등)이나 범죄행위로 인하여 생겼거나 취득한 물건(예: 마약, 뇌물 등)을 몰수하는 것을 말한다. 몰수대상물을 이미 소비해버려 더 이상 몰수할 수 없을 때에는 그 가액을 환산하여 징수하는 것을 추징이라고 한다. 몰수는 원칙적으로 다른 형벌에 부가하여 과하는 부가형이지만, 예외적으로 행위자에게 유죄의 재판을 하지 아니할 때에도 몰수의 요건이 있는 때에는 몰수만을 선고할 수 있다.

벌금을 내지 않으면 어떻게 되는가?

☞ 벌금을 납부하지 않으면 노역장에 유치되는 환형(換刑)처분을 받게 된다.

벌금을 미납하면 노역장에 유치

벌금은 피고인에게 일정한 금액을 국가에 납입하게 하는 형벌의 일종이다. 만일 벌금을 납부하지 않으면 노역장에 유치하게 된다. 즉 벌금형이 자유형으로 전환되어 교도소에 구금함으로써 형을 집행(교도소 구금 + 강제노역)하게 된다. 이를 환형처분(換刑處分)이라고 한다.

벌금미납시의 노역장유치기간은

법원이 피고인에게 벌금형을 선고할 때는 이를 납입하지 아니하는 경우를 예상하여 노역장유치기간을 함께 정하여 선고해야 한다. 즉 벌금을 미납하는 경우를 대비하여 1일 이상 3년 이하의 범위 내에서 일정기간 노역장에 유치할 수 있도록 되어 있다.

벌금을 미납하면

만일 피고인이 벌금을 내지 않고 소재불명인 상태가 되면, 검찰은 그에 대한 지명수배를 한다. 벌금의 일부를 납입한 경우에는 미납벌금의 액수만큼의 기간을 산정하여 노역장에 유치한다. 또한 노역장에 유치되더라도 벌금을 납부하면 즉시 석방된다. 개정 형사소송법은 벌금을 비롯한 재산형의 집행에 관하여 벌과금 집행담당 공무원이 국세체납처분 절차에 의하여 집행할 수 있도록 함으로써 미납벌금의 강제집행이 용이해지도록 했다. 이처럼 국세체납처분절차에 의하여 미납벌금을 강제로 징수한 경우는 벌금을 납입한 것이기 때문에 노역장유치에 처해지지 않는 것은 물론이다.

노역장유치의 의미는

노역장유치는 교도소에 구금하여 정역(定役)에 복무케 함으로써 벌금의 납입을 대체하는 것을 말한다. 징역형이 선고된 경우 교도소에 구금하여 작업을 시키는 방법으로 형을 집행하듯이 벌금미납자에 대하여도 같은 방법으로 집행한다. 현재 노역장유치 1일로 환산되는 벌금액은 평균적으로 약 5만원 정도로 정해지는 경우가 많다. 500만원의 벌금을 내지 못한다고 가정하는 경우, 만일 노역장유치 1일 환산금액이 5만원이라고 한다면 100일(= 미납벌금 500만원 ÷ 노역장유치 1일 환산금액 5만원) 동안 교도소에 구금되어 노역에 종사하여야 하는 것이다.

18세 미만의 소년에 대한 노역장유치는 금지

18세 미만의 소년에 대하여는 환형처분(換刑處分)을 금지하고 있으므로 노역장유치를 할 수 없다. 따라서 피의자가 소년인 경우 약식기소(벌금형으로의 기소)의 대상에서 제외되며, 벌금형에 해당하는 사건이라면, 검찰은 소년부로 송치하는 경향이 있다.

벌금의 분할납부는 가능한가?

☞ 벌금은 원칙적으로 납입기한 내에 한꺼번에 모두 납부하여야 한다. 그러나 아주 예외적인 경우에 한하여 검찰실무상 분납이 허용되기도 한다.

벌금은 1회 완납주의가 원칙

형법상 벌금은 재판확정일로부터 30일 이내에 납입하여야 하며, 완납하지 못하는 경우 완납할 때까지 노역장에 유치하도록 되어 있다. 검찰청 벌금수납 장소에 가보면 벌금을 깎아 달라느니 혹은 분할하여 납부하게 해 달라고 사정하는 사람들을 종종 볼 수 있다. 그러나 검찰청 직원으로부터 벌금은 분할납부가 인정되지 않으며 벌금 미납시에는 노역장에 유치할 수밖에 없다는 말을 듣고는 결국 한꺼번에 벌금을 납부하고 돌아가게 된다. 형법이 벌금의 '1회 완납주의'를 취하고 있기 때문이다.

그러나 벌금의 분할납부가 인정되는 예외도 있어

그러나 검찰실무상 극히 예외적으로 벌금의 분납을 인정하는 경우가 있다. 즉 검찰징수사무규칙은 1) 생활보호대상자, 2) 장애인, 3) 1월 이상 치료를 요하는 생활무능력자, 4) 불의의 재난피해자, 5) 본인 외에는 가족을 부양할 자가 없는 자, 6) 타인의 대리납부자, 7) 기타 부득이한 사유가 있는 자에 한하여 분할납부(혹은 납부연기)를 허용하고 있다. 이 사유에 해당하는 벌금납부의무자가 분할납부 또는 납부연기를 받고자 할 경우에는 소명자료를 첨부하여 분할납부(혹은 납부연기)신청서를 제출하고 검사의 허가를 받으면 된다.

주차위반으로 4만원의 과태료를 냈다. 과태료와 형법상의 벌금(과료)은 서로 다른 것인가?

☞ 벌금이나 과료는 형법상의 형벌의 일종으로 미납하면 노역장유치라는 환형처분을 받게 되지만, 과태료는 행정법규위반에 대한 행정제재의 일종으로 환형처분을 할 수 없다.

벌금(과료)과 과태료는 전혀 달라

벌금과 과료는 형법상의 형벌이다. 반면, 과태료는 형벌이 아니며, 행정법규위반에 대한 행정제재의 성격을 지니고 있다. 형벌인 벌금이나 과료를 미납하면 노역장유치를 할 수 있지만, 행정벌인 과태료를 미납하더라도 환형처분을 할 수 없다는 점에서 큰 차이가 있다. 과료와 과태료는 그 명칭이 비슷하기 때문에 서로 혼동될 여지가 크다. 그러나 법적 관점에서 보면, 과료는 형벌이고 과태료는 행정제재라는 점에서 서로 다르다. 다만, 과료는 5만원 미만의 재산형이기 때문에 그 액수가 미미할 수밖에 없다.

범칙금도 과태료의 일종이기는 하지만

범칙금도 과태료의 일종이기는 하지만, 정당한 사유 없이 납부기한 내에 범칙금을 납입하지 아니하면 경찰서장은 지체 없이 즉결심판을 청구할 수 있다. 이에 따라 즉결심판에서 벌금이나 과료가 부과되기도 하는데, 이때는 형벌이 부과되는 것이다.

기소유예, 선고유예, 집행유예는 각각 무슨 뜻이며, 서로 어떤 차이점이 있는가?

☞ 기소유예는 유죄판결을 받기에 충분한 범죄혐의가 있지만 검사가 정상을 참작하여 공소제기를 하지 아니하는 것을 말하며, 선고유예는 법원이 형의 선고 자체를 유예하는 판결이며, 집행유예는 법원이 형의 선고는 하되 그 집행만을 유예하는 판결을 의미한다.

기소유예는

기소유예는 검찰의 기소편의주의에 의거하여 유죄판결을 받기에 충분한 범죄혐의가 있더라도 형법상 양형의 조건을 참작하여 형사소추의 필요성이 적다고 판단되는 경우 검사가 공소제기를 하지 않는 것을 말한다. 검사가 공소를 제기하지 아니하면 원칙적으로 형사재판을 할 수 없으므로 사건은 여기서 종결된다. 기소유예의 대상이 되는 범죄의 종류는 법률상 제한이 없다. 심지어 살인죄를 범했다고 하더라도 기소유예의 대상이 될 수도 있다. 한편, 검사는 기소유예를 함에 있어서 범죄예방자원봉사위원의 선도를 받게 하거나 보호관찰소에 그 선도를 위탁하는 조건을 붙일 수 있다. 이것이 이른바 선도조건부 기소유예제도이다.

선고유예는

선고유예는 법관이 형의 선고 자체를 유예하는 형사처분이다. 즉 법관은 1년 이하의 징역이나 금고, 자격정지 또는 벌금의 형을 선고할 경우에 형법상 양형의 조건을 참작하여 개전의 정상이 현저한 때에는 그 선고를 유예할 수 있다. 선고유예의 대상은 1년 이하의 징역이나 금고, 자격정지 또는 벌금의 형에 해당하는 범죄를 저지른 자다. 선고유예의 적극적 요건은 피고인이 '개전의 정상이 현저한 때', 즉 크게 반성하고 있을 때이다. 다만, 자격정지 이상의 형을 받은 전과가 있는 자는 선고유예의 결격사유에 해당한다. 즉 징역이나 금고의 형(집행유예 포함)을 선고받은 전과가 있다면 선고유예를 받을 수 없다.

집행유예는

집행유예는 법관이 형의 선고는 하되 형의 집행을 유예하는 것을 말한다. 즉 법관은 3년 이하의 징역 또는 금고의 형을 선고할 경우에 제51조의 사항을 참작하여 그 정상에 참작할 만한 사유가 있는 때에는 1년 이상 5년 이하의 기간 형의 집행을 유예할 수 있다. 집행유예의 대상은 3년 이하의 징역이나 금고의 형에 해당하는 범죄를 저지른 자이다. 벌금형을 선고할 때는 선고유예는 가능하지만 집행유예는 허용되지 아니한다. 집행유예의 적극적 요건은 '정상참작사유가 있는 때'이다. 다만, 금고 이상의 형을 선고한 판결이 확정된 때부터 그 집행을 종료하거나 면제된 후 3년까지의 기간에 범한 죄에 대해서는 집행유예를 선고할 수 없도록 집행유예결격사유를 규정하고 있다.

기소유예, 선고유예, 집행유예의 차이점은

기소유예는 검사의 수사종결처분, 즉 불기소처분으로 형사법원이 형의 선고나 집행을 유예하는 선고유예 및 집행유예와는 근본적으로 다르다. 즉 형의 선고유예나 집행유예는 법원의 판결이다.

유명 연예인이 음주운전을 하여 사회봉사명령을 받았다고 하는 이야기를 들었는데, 사회봉사명령은 무엇인가?

☞ 사회봉사명령은 집행유예의 조건으로 부과되는 형사처분이다. 즉 교도소에 구금하는 대신 사회생활을 하면서 일정시간 무보수로 사회에 유익한 근로를 하도록 명하는 것을 말한다.

사회봉사명령은 집행유예의 조건

현행 형법상 사회봉사명령은 형의 집행을 유예할 때 그 조건의 하나로 부과할 수 있게 되어 있다. 즉 집행유예의 조건으로서 사회봉사명령을 부과하는 것이다. 피고인이 사회봉사활동을 통해 자발적이고 적극적으로 사회에 배상하고 동시에 이와 같은 긍정적인 체험을 바탕으로 하여 앞으로의 사회복귀를 용이하게 해주고자 하는 새로운 형벌정책의 하나로 1995년 형법개정을 통하여 도입한 새로운 유형의 형사제재수단이다. 즉 사회봉사명령은 유죄가 인정된 범죄자에 대하여 교도소 등에 구금하는 대신 자유로운 생활을 허용하면서 일정시간 무보수로 사회에 유익한 근로를 하도록 명하는 제도이다.

사회봉사명령은 집행유예의 형벌효과를 높여주는 효과를 지니고 있어

형의 집행을 유예해주는 집행유예제도는 본래 보호관찰과 결합하여 범죄인의 재범방지와 사회복귀를 용이하게 해주는 '사회내처우'이다. 사회봉사명령은 형의 집행을 유예받은 자가 실제로는 아무 처벌도 받지 않는다는 생각을 불식시켜주는 한편, 그에게 적극적으로 사회를 위해 봉사할 기회를 주어 범죄인의 개선·교육·사회복귀를 통하여 범죄를 예방한다는 특별예방효과를 극대화시켜준다는 장점을 갖고 있다. 또한 이와 함께 부과되는 보호관찰은 집행유예가 단기자유형은 물론 중기자유형도 대체할 수 있을 만큼 '자유박탈 없는 형사제재'의 적용범위를 넓히는 효과가 있다.

사회봉사명령을 이행하지 아니하면 집행유예가 취소될 수도 있어

사회봉사명령은 집행유예의 조건으로 부과된 것이기 때문에 사회봉사명령을 제대로 이행하지 아니하면 집행유예가 취소될 수 있다. 사회봉사명령대상자를 감독하는 보호관찰관은 대상자가 사회봉사명령을 제대로 이행하지 아니하거나 보호관찰준수사항을 중대하게 위반한 때에는 집행유예의 취소를 검찰을 경유하여 법원에 신청할 수 있다. 법원이 집행유예취소결정을 하면 유예되었던 형의 집행이 개시되어 실형을 선고한 것처럼 바로 교도소에 수감되어 형의 집행이 이루어진다.

집행유예의 조건으로 수강명령을 부과하기도

집행유예의 조건으로 수강명령을 부과하기도 한다. 수강명령은 유죄가 인정된 '습관 중독성 범죄자'를 교도소에 구금하는 대신 자유로운 생활을 허용하면서 일정시간 보호관찰소 또는 보호관찰소가 지정한 전문기관에서 교육을 받도록 명하는 것을 말한다.

보호관찰이란 무엇이며, 누구에게 부과되는 것인가?

☞ 보호관찰이란 사회내처우로서 보호관찰관이 대상자의 생활을 감독하고 필요한 경우 원호활동을 하여 재범을 하지 않도록 돕는 것을 말한다. 형사처분으로서의 보호관찰과 보호처분으로서의 보호관찰로 구분되어 다양하게 활용되고 있다.

보호관찰이란

보호관찰이란 범죄인을 구금하는 대신 자유로운 사회생활을 허용하면서 국가공무원인 보호관찰관이 직접 또는 민간자원 봉사자의 협조를 받아 그를 지도·감독·원호하는 제도를 말한다. 수감생활로 인한 범죄성오염을 막고, 사회와의 단절을 방지하고, 사회 내에서 보호관찰관의 체계적이고 전문적인 지도 감독을 통해 재범방지의 효과를 높이는 한편 공동체의식을 강화할 수 있으며, 수용처우에 따르는 국가 예산의 절감이라는 장점도 있다.

형사처분으로서의 보호관찰

① 집행유예 또는 선고유예의 조건

형의 집행을 유예하거나 선고 자체를 유예하는 경우에 그 조건으로 보호관찰을 받을 것을 명할 수 있다.

② 가석방의 조건

가석방을 허가하면서 가석방 대상자에게는 보호관찰을 명하도록 되어 있다. 다만, 보호관찰심사위원회의 심사결과 보호관찰을 받을 필요가 없다고 판단한 경우에는 보호관찰을 받지 않아도 된다.

보호처분으로서의 보호관찰

① 소년보호처분

소년부판사는 범죄소년[32]·촉법소년[33]·우범소년[34]에 대하여 보호관찰관의 보호관찰을 받게 하는 보호처분결정을 내릴 수 있다. 제2호 처분인 '단기보호관찰'의 기간은 6월이며, 제3호 처분인 '(장기)보호관찰'의 기간은 원칙적으로 2년이고 1년의 범위 안에서 1차에 한하여 그 기간을 연장할 수 있도록 되어 있다. 소년원에 수용중인 보호소년은 교정성적이 양호하고 재범의 위험성이 없는 경우 소년원장의 신청에 의하여 보호관찰심사위원회의 심사를 거쳐 가퇴원될 수 있으며, 이 경우 가퇴원자에 대하여 보호관찰관의 보호관찰을 받도록 하는 결정을 할 수 있다.

---

32) 범죄소년이란 죄를 범한 14세 이상 20세 미만의 소년을 말한다.

33) 촉법소년이란 형벌법규에 저촉되는 행위를 한 12세 이상 14세 미만의 소년을 말한다.

34) 우범소년이란 장래 형벌법령에 저촉되는 행위를 할 우려가 있는 12세 이상의 소년을 말한다.

② 가정보호처분

가족구성원 사이의 신체적, 정신적 또는 재산상 피해를 수반하는 '가정폭력범죄'를 범한 자에 대해서는 형사처벌에 앞서 먼저 가정보호사건으로 처리할 수 있다. 이 경우 보호처분으로서 6월 이하의 기간 동안 보호관찰을 받도록 명할 수 있다.

③ 기타 보호처분

치료감호가 가종료되거나 치료감호시설 외에서의 치료를 위하여 친족에게 위탁된 경우 출소조건으로 보호관찰을 받도록 하고 있으며, 성매매사범에 대해서도 보호관찰을 명할 수 있다.

범죄자가 정신이상이면 처벌할 수 없지만, 공주의 치료감호소에 수감할 수는 있다고 하는데, 치료감호제도란 무엇을 의미하는가?

☞ 치료감호는 재범의 위험성이 높은 정신이상자를 정신병원인 치료감호소에 수용하여 치료하는 보안처분이다.

정신이상자는 형사책임이 없어

정신이상자는 어떤 범죄를 저질렀다고 하더라도 형벌을 부과할 수 없다. 그에게는 형법상의 책임능력이 없기 때문이다. 14세 미만의 아동도 형사책임능력이 없다.

그러나 보안처분은 가능해

형사책임능력이 없는 사람에 대해서 형벌을 부과할 수는 없지만, 사회방위를 위하여 '보안처분'[35]을 할 수는 있다. 예를 들어 방화벽이 심한 정신병자를 그대로 방치했다가는 일반 시민의 생명과 안전을 크게 해칠 우려가 높기 때문이다.

대표적인 보안처분으로서 치료감호

치료감호는 현재 우리나라에서 인정하고 있는 대표적인 보안처분의 하나이다. 즉 법원은 정신병 때문에 책임능력이 없는 피고인에게 형벌이 아닌, 보안처분으로서 치료감호를 명할 수 있다. 대상은 치료감호시설에서의 치료가 필요하고 재범의 위험성이 있는 자에 한하며, 공주의 치료감호소에 수용하여 치료를 한다. 치료감호의 기간은 특별히 정해져 있지 않으며, 정신병이 치료되어 재범의 위험성이 없는 시점까지 계속된다.

청소년에 대해서는 술이나 담배를 판매할 수 없다고 하는데, 청소년과 미성년자의 차이는 무엇인가?

☞ 청소년보호법상의 청소년은 이른바 연 19세 미만의 사람이며, 민법상의 미성년자는 만 20세 미만의 사람을 의미한다.

청소년의 개념은 청소년기본법과 청소년보호법이 각각 달리 규정하고 있어

청소년기본법은 청소년을 '만 9세 이상 24세 미만'으로 규정하고 있는 반면, 청소년보호법은 청소년의 나이를 원칙적으로 '만 19세 미만'으로 하되, '만 19세에 도달하는 해의 1월 1일을

---

35) 보안처분이란 장래에 범죄를 저지를 위험성이 있는 범죄인의 재범을 방지하고 이를 통하여 사회 일반인의 안전을 확보하기 위한 형사제재이다. 형벌이 과거의 범죄행위를 이유로 한 제재임에 반하여 보안처분은 장래의 재범위험성을 이유로 한 제재라는 데 차이가 있다.

맞이한 자'는 청소년에서 제외하고 있다. 아직 만 19세 미만이지만 고등학교를 졸업하고 대학생이 되거나 재수생이 된 경우를 고려하여 만 19세가 되는 해의 1월 1일부터는 청소년에서 제외한 것이다. 술이나 담배 등의 청소년유해약물을 판매하는 것을 금지하고 있는 법은 청소년보호법이므로 청소년의 개념은 이른바 연 19세 미만으로 이해해야 한다.

미성년자와 청소년은 서로 다른 개념

미성년자는 민법상 성년이 되지 아니한 자를 의미하며, 성년이 되려면 만20세가 되어야 한다. 즉 민법은 미성년자를 20세 미만으로 규정하고 있다. 따라서 청소년보호법상의 청소년과 민법상의 미성년자는 서로 다른 개념이다. 청소년이 아니더라도 아직 성년이 되지 아니한 자는 법률행위를 함에 있어서 원칙적으로 그의 법정대리인의 동의를 받아야 한다. 즉 일반적인 법률관계에 있어서는 주로 민법상의 미성년자개념이 적용되며, 특별히 청소년을 보호하려는 청소년보호법이나 청소년의 성보호에 관한 법률은 청소년의 개념을 활용하고 있다.

종전의 소년원은 학교체제로 변하였다고 하는데, 그러면 소년교도소도 사라지는 것인가?

☞ 소년교도소는 형사법원에서 유죄가 확정되어 실형이 선고된 소년을 수용하는 교도소로서 성인교도소에 대비되는 개념이며, 소년원은 소년법상의 소년보호처분으로 부과되는 소년원수용에 따른 수용시설이다.

소년원과 소년교도소는 전혀 달라

소년원과 소년교도소는 서로 전혀 다른 개념이다. 소년원수용은 소년법상의 보호처분의 일종으로 부과된다. 즉 소년법상의 제6호(단기 소년원 수용)와 제7호(장기 소년원 수용) 보호처분으로서 소년원(학교)에 수용하는 것을 말한다. 그러나 소년교도소는 검사가 공소를 제기하여 형사법원에서 징역이나 금고의 실형이 선고된 소년을 수감하는 교도소의 일종이다. 성인과 소년을 구별하여 수용하도록 되어 있는 행형법에 따라 성인교도소에 대비되는 개념으로 소년교도소라고 부른다.

범죄의 경중에 따라 검사는 소년부 송치여부를 결정하게 되어 있어

소년이 범죄를 저지른 경우 그 죄의 경중에 따라 검사는 소년보호사건을 담당하는 법원인 소년부에 송치하여 소년보호사건이 되게 하거나 형사법원에 기소하여 형사재판을 받도록 하는 결정을 한다. 형사재판을 통해 실형이 선고되면 소년교도소에 수용되는 것이고, 소년보호처분으로 소년원수용이 결정되면 소년원에 수용된다.

구치소와 교도소는 무엇이 서로 다른가?

☞ 구치소와 교도소는 다 같은 구금시설이지만, 구치소는 주로 미결수용자를 수용하는 시설이고, 교도소는 주로 수형자를 수용하는 교정시설이다.

구치소와 교도소는 다 같은 구금시설

구치소와 교도소는 다 같은 구금시설이라는 점에서 공통점이 있다. 법률에 '교도소 등'이라고 표현되어 있으면, 구치소도 포함된 개념으로 이해하면 된다.

구치소는 미결수용자를 구금하는 시설

그러나 구치소는 일반적으로 미결수용자를 구금하는 시설이다. 미결수용자란 아직 재판이 확정되지 아니한 상태에서 구속되어 있는 사람을 말한다. 즉 재판이 진행 중인 구속피고인이나 구속피의자를 말한다.

교도소는 수형자를 구금하는 시설

이에 반하여 교도소는 수형자를 구금하는 시설이다. 수형자란 유죄가 확정되어 실형이 선고된 자를 말한다. 구치소에 수감 중이던 자는 형이 확정되면 대개의 경우 교도소로 이송된다. 집행유예가 취소되거나 벌금미납으로 노역장유치의 환형처분을 받은 자도 주로 교도소에 수용된다.

일부 수형자는 구치소에 머물 수도 있어

그러나 일부 수형자는 구치소의 작업을 할 필요가 있기 때문에 구치소에 계속 수용되는 경우도 있다. 또한 교도소도 일정 공간을 미결수용실로 구별하여 미결수용자를 수용하는 경우도 흔히 있다.

교도소에 아무 때나 면회를 갈 수 있는가?

☞ 교도소에서의 접견(면회)은 교도관의 근무시간에 허용되며, 접견시간이나 접견횟수도 제한을 받고 있다.

교도소에서의 접견(면회)은

접견(면회)은 수형자가 가족이나 친지와의 사회적 유대를 지속하는 매우 중요한 수단이다. 즉 접견을 통하여 수형자는 구금 중일지라도 외부사회와의 최소한의 사회적 유대관계를 계속 유지할 수 있다. 그러므로 접견은 교도소 내의 긴장완화에 도움이 될 뿐만 아니라, 궁극적으로는 수형자의 사회복귀에 기여한다.

수형자의 접견은 제한을 받아

미결수용자의 경우 매일 1회에 한하여 접견이 허용되고 있지만, 수형자의 경우 원칙적으로 매월 4회에 한하여 접견이 허용된다. 다만, 20세 미만의 수형자나 행형성적이 우수한 모범수형자에 대해서는 소장이 그 접견횟수를 증가시켜 줄 수 있다. 대체로 누진계급이 4급에서 3급, 2급, 1급으로 올라갈 때마다 매월 접견횟수를 4회에서 누진적으로 증가시켜 주고 있다. 접견시간도 1회 30분 이내로 되어 있으나, 실제로는 행정편의상 이보다 훨씬 적은 시간을 주는 경우가 많다.

야간이나 공휴일에는 접견이 허용되지 않아

수형자나 미결수용자의 접견은 공무원복무규정에 의한 근무시간에만 허용되고 있다. 따라서 근무시간이 아닌 야간이나 공휴일에는 접견이 허용되지 않고 있다.

구금시설에서 재소자가 교도관의 부당한 대우를 받았다면, 어떤 권리구제방법이 있는가?

☞ 소장면담을 요청하거나 법무부장관에게 청원을 할 수 있다. 그리고 독

립적인 국가기관인 국가인권위원회에 진정할 수 있다.

소장면담을 요청할 수 있어

수용자는 자신의 처우와 관련하여 구금시설의 장에게 서면 또는 구두로 이의를 제기할 수 있다. 구금시설의 장은 면담신청 수용자와 면담할 의무가 있다. 소장면담은 수용자 상호간의 갈등이나 수용자와 교도관 사이의 갈등을 해결하기 위하여 1차적으로 취할 수 있는 불복절차이다.

법무부장관에게 청원도 가능

수용자는 자신의 처우와 관련하여 불복이 있을 때는 법무부장관 또는 순회점검공무원에게 청원할 수 있다. 구금시설의 감독기관인 법무부장관이나 순회점검공무원에 대하여 부당처우에 대하여 청원할 수 있는 권리를 인정하고 있는 것이다. 법무부장관에게 청원하고자 하는 수용자는 청원서를 작성하여 봉한 후 구금시설의 장에게 제출하면 된다. 청원은 모든 국민에게 보장되어 있는 헌법상의 기본권에 해당한다.

국가인권위원회의 진정이 효과적일 수 있어

수용자는 국가인권위원회법이 정하는 바에 따라 국가인권위원회에 진정서를 제출하거나 면전진정을 요청할 수 있다. 서면진정은 구금시설 직원이 검열할 수 없고, 수용자는 진정서 서신을 스스로 봉합할 수 있다. 국가인권위원회는 법무부를 비롯한 행정부처와 독립적인 국가기관으로서 중립적인 관점에서 수용자의 진정내용의 진위 여부를 심사한다는 점에서 구금시설의 부당한 처우에 대한 수용자의 권리구제수단으로 매우 효과적일 수 있다.

가석방이란 무엇이며, 어떤 요건을 충족하면 허가받을 수 있는가?

☞ 가석방은 형기만료 이전에 미리 조건부로 석방을 하는 것을 말한다. 예를 들어 유기징역·금고의 형을 선고받은 수형자의 경우 형기의 3분의 1을 경과하고 행형성적이 우수하면 가석방을 받을 수 있다.

가석방은 재소자의 가장 큰 희망사항

'가석방'은 형기(刑期)가 만료되기 전에 수형자를 조건부로 석방시키는 제도로서 모든 재소자의 초미의 관심사요 가장 큰 희망사항이다. 재소자라면 누구든지 가능한 한 빨리 (가)석방되어 출소(出所)하기를 원하기 때문이다. 따라서 가석방과 관련된 모든 결정사항은 해당 수형자뿐만 아니라 다른 재소자들에게도 보통 민감한 사안이 아닐 수 없다.

가석방의 요건

① 필요한 형기 복역

성인수형자의 경우 무기징역이나 무기금고의 형을 선고받은 때에는 10년을 복역한 이후, 유기징역이나 유기금고의 형을 선고받은 때에는 형기의 3분의 1을 복역한 후에 가석방될 수 있다. 여기서 형기는 법관이 구체적으로 선고하는 선고형을 뜻하며, 사면 등에 의하여 감형(減刑)된 때에는 감형된 형을 기준으로 정한다. 소년수형자의 가석방은 소년법이 따로 규정하고 있다. 즉 무기형의 경우는 5년, 15년의 유기형의 경우는 3년, 부정기형의 경우는 단기의 3분의 1이 경과된 후에 가석방이 허가될 수 있다.[36)]

---

36) 소년법은 제59조에서 18세 미만의 소년에 대하여 사형 또는 무기형

② 우수한 행형성적

형법은 수형자가 "그 행장(行狀)이 양호하여 개전(改悛)의 정이 현저한 때"에 가석방을 할 수 있다고 규정하고 있다. 여기서 '행장이 양호'해야 한다는 것은 수형자의 행형성적이 우수해야 함을 의미한다. '개전의 정이 현저하다'는 것은 수형자가 뉘우치는 기색이 역력하여 더 이상 형을 집행하지 않더라도 재범의 위험성이 없는 경우를 말한다. '행장의 양호'와 '개전의 정'을 객관적으로 판단하는 자료가 되는 것은 교정시설 내에서 행형성적에 따른 수형자의 누진처우등급이다. 현재 4단계로 나누어진 누진처우제도 하에서 모든 신입수형자는 최하위등급인 제4급으로 시작하여 각 단계마다 정해진 책임점수를 소각하면 승급하는 방식으로 최상급에 이를 수 있다. 이처럼 누진계급이 최상급인 제1급 모범수형자가 주로 가석방심사대상자로 선정된다. 누진처우등급이 제2급 이하인 경우는 특별히 재범의 위험성이 없고 사회생활에 적응할 수 있다고 인정되는 경우에 한하여 예외적으로 가석방심사대상자가 될 수 있다.

가석방심사체계는

가석방이 행정처분으로 되어 있는 우리나라는 법원이 아닌 행정관청이 가석방을 허가하도록 되어 있다. 가석방심사구조는 기본적으로 가석방신청기관, 가석방심사기관, 가석방허가기관의 순으로 이어지는 3층 구조로 되어 있다. 가석방신청기관은 각

으로 처할 것인 때에는 15년의 유기징역으로 하도록 되어 있으며, 제60조는 소년이 법정형 장기 2년 이상의 유기형에 해당하는 죄를 범한 때에는 그 형의 범위 안에서 장기와 단기를 정하여 부정기형을 선고할 수 있고, 이 경우 장기는 10년, 단기는 5년을 초과하지 못하도록 규정하고 있다.

교정시설의 장이며, 가석방심사기관은 성인수형자에 대해서는 가석방심사위원회, 소년수형자에 대해서는 보호관찰심사위원회로 되어 있고, 가석방허가기관은 법무부장관으로 되어 있다. 즉 교정시설의 장이 수형자의 행형성적과 필요한 형기복역여부를 확인하여 가석방심사대상자를 선정하여 가석방을 신청하면, 가석방심사기관(가석방심사위원회, 보호관찰심사위원회)이 심사하여 가석방적격결정을 한 때에는 5일 이내에 법무부장관에게 가석방허가를 신청하여야 하며, 법무부장관은 가석방심사위원회의 가석방신청이 정당하다고 인정되는 때는 이를 허가할 수 있다. 법무부장관은 가석방여부의 최종결정권자인 셈이다. 그러나 법무부장관의 허가는 형식적 절차에 불과하며, 가석방심사위원회의 가석방적격결정여부가 실질적으로 중요하다.

수형자에게는 가석방신청권이 없어

수형자는 가석방의 요건을 충족하더라도 가석방심사를 '신청'할 수 없다. 가석방신청기관인 교정당국(교도소장)이 형식적 요건은 물론 실질적 요건까지 심사하여 가석방심사대상자를 '선정'하고 그에 대한 가석방심사를 '신청'하도록 되어 있기 때문이다.

가석방기간에 원칙적으로 보호관찰을 받아야

가석방기간은 법원이 처음 선고한 형기 중에서 아직 집행되지 아니하고 남은 기간, 즉 잔여형기다. 형법은 가석방기간에 원칙적으로 보호관찰을 받도록 규정하고 있다. 보호관찰기간은 가석방기간과 같다. 다만, 보호관찰심사위원회가 보호관찰이 필요하지 않다고 판단하면 예외적으로 보호관찰을 실시하지 아니할 수 있다.

가석방의 효력

가석방이 된 자는 가석방처분이 실효 또는 취소되지 아니하고 가석방기간을 경과한 때에 형의 집행이 종료된 것으로 본다. 만약 가석방기간 중 금고 이상의 형을 선고받아 그 판결이 확정된 때에는 가석방의 처분은 효력을 잃는다. 다만 과실로 인한 죄로 형의 선고를 받았을 때에는 예외로 취급되어 그 죄로 금고 이상의 형의 판결이 확정되어도 가석방처분은 유효한 것이 된다. 가석방의 처분을 받은 자가 보호관찰준수사항을 위반하고 그 정도가 무거운 때에는 가석방의 처분을 취소할 수 있다.

8

전과기록

검찰이나 경찰에 입건되면 무조건 전과자가 되는가?

☞ 벌금형 미만의 형의 선고, 기소유예, 불기소처분 등은 법률상의 전과가 아니다.

법률상의 전과기록은

일반적으로 전과(前科)란 이전에 형벌을 받은 사실이 있음을 뜻한다. 많은 사람들이 경찰이나 검찰에 입건만 되도 전과자가 되는 것으로 알고 있다. 그러나 경찰이나 검찰에 입건되었다고 하여 무조건 전과자가 되는 것은 아니다. 「형의 실효 등에 관한 법률」(이하 '형의 실효법'으로 약칭)은 전과기록을 수형인명부, 수형인명표 및 범죄경력자료에 한정하고 있다. 따라서 전과가 되려면 적어도 이들 기록에 등재되어 있어야 한다.

전과기록은 구체적으로

① 수형인명부

수형인명부는 자격정지 이상의 형을 받은 수형인(受刑人)을 기재한 명부로서 검찰청(군검찰부) 집행과(계)에서 관리한다.

② 수형인명표

수형인명표는 수형인 중 자격정지 이상의 형을 받은 사람을 기재한 명표로 수형인의 등록기준지 시·구·읍·면사무소에서 관리한다. 실무상 수형인명표는 수형인명부를 관리하는 검찰청에서 작성하여 송부하여 주고 있다.

③ 범죄경력자료

범죄경력자료는 수사자료표 중 벌금 이상의 형의 선고나 면제 및 선고유예, 보호감호, 치료감호, 보호관찰, 선고유예의 실효, 집행유예의 취소, 벌금 이상의 형과 함께 부과된 몰수·추징·사회봉사명령·수강명령의 선고 또는 처분에 관한 자료를 기재한 기록을 말한다. 피의자로 입건되면 전과조회를 하게 되는데, 보통 이 자료에 의거한다. 즉 수사기관은 이 범죄경력자료를 조회함으로써 피의자가 이전에 어떤 범죄전력이 있는지 혹은 기소중지 상태로 있는 사건은 없는지 등에 관하여 조사한다.

법률상 전과로 인정되는 경우는

법률상 전과기록이라 함은 수형인명부·수형인명표·범죄경력자료를 말한다. 수형인명부나 수형인명표에는 자격정지 이상의 형의 선고기록이 기재되고, 범죄경력자료에는 벌금 이상의 형의 선고기록이 기재되므로 기본적으로 벌금 이상의 형, 즉 사형·징역·금고·자격상실·자격정지·벌금의 형을 선고받으면 법률상의 전과로 인정된다고 보아야 한다. 집행유예나 선고유예도 전과기록으로 관리하고 있다. 그러나 벌금 미만의 형, 즉 구류·과료·몰수의 형이 단독으로 부과된 경우나 검사의 불기소처분(기소유예 포함)은 전과기록에 등재되지 아니한다.

전과는 일정기간이 경과하면 말소된다고 하는데, 기록이 말소되면 더 이상 경찰의 컴퓨터상으로도 전과기록이 나타나지 않는 것인가?

☞ 전과가 말소된다고 하여 경찰의 수사자료표(수사경력자료)에 기재된 전과사실이 없어지는 것은 아니지만, '형의 실효법'이 정한 일정기간이 경과되면 이 기록도 모두 삭제하도록 되어 있다.

전과기록의 말소란

전과기록의 말소란 형법이나 '형의 실효법'에 의하여 형이 실효되면 법률상의 전과기록을 말소시키는 것을 의미한다. 여기서 형이 실효된다는 것은 형선고의 효력을 상실시켜 이후 더 이상 전과자로 취급하지 않는다는 뜻이다. 형의 실효제도는 일정기간이 경과하면 전과를 말소시킴으로써 전과가 있기 전의 상태로 되돌려 정상적인 사회생활을 할 수 있게 하자는 취지이다.

형의 실효법에 따른 형의 자동실효

'형의 실효법'은 수형인(형벌을 받은 사람)이 자격정지 이상의 형을 받음이 없이 형의 집행을 종료하거나, 혹은 그 집행이 면제된 날부터 다음의 기간이 경과한 때에는 그 형은 자동적으로 실효되도록 하고 있다.

1) 3년을 초과하는 징역·금고는 10년
2) 3년 이하의 징역·금고는 5년
3) 벌금은 2년

형법상의 실효제도

형법은 징역 또는 금고의 집행을 종료하거나 집행이 면제된 자가 피해자의 손해를 보상하고 자격정지 이상의 형을 받음이 없이 7년을 경과한 때에는 본인 또는 검사의 신청에 의하여 그 재판의 실효를 선고할 수 있다고 규정하고 있다. 당사자의 신청에 의한 전과말소제도를 규정하고 있는 것이다. 그러나 이러한 신청에 의한 전과의 말소는 대부분의 경우 '형의 실효법'에 의한 형의 실효제도에 포섭되기 때문에 큰 의미가 없다. 다만, 3년을 초과하는 징역이나 금고의 형을 선고받은 경우에는 자격정지 이상의 형을 받음이 없이 10년을 경과하지 않더라도 피해자의 손해를 보상한다는 추가조건을 이행하고 7년만 경과하면 형의 실효를 신청할 수 있다는 점에서 의미가 있을 뿐이다. 한편, 집행유예의 선고를 받은 후 그 선고의 실효 또는 취소됨이 없이 유예기간을 경과한 때에는 형의 선고는 효력을 잃는다. 또한 일반사면이나 형의 선고의 효력을 상실하게 하는 특별사면 또는 복권이 있는 때에도 마찬가지다.

전과기록의 삭제는

형이 실효되면 수형인의 등록기준지 시·구·읍·면사무소에서 관리하던 수형인명표는 폐기하고, 검찰청에서 관리하는 수형인명부의 해당란을 삭제한다. 이렇게 함으로써 형의 선고효력이 사라지고, 형의 선고로 인한 결과물인 전과기록도 삭제되는 것이다.

전과기록을 삭제한다고 해서 경찰의 수사기록도 모두 없애는 것은 아니라는 사실을

전과기록이 삭제된다고 하여 경찰의 수사자료표[37]에 등재된 모든 기록을 말소하는 것은 아니다. 형의 실효로 인한 전과기록의 삭제는 이러한 형을 선고한 법적 효력이 더 이상 유지되지 않음을 의미하며, 이러한 전과사실은 범죄수사를 위해 계속 남아 있게 된다. 즉 법률상의 전과기록이 삭제되더라도 형을 선고받은 사실에 대해서는 계속하여 관리된다.

그러나 일정기간이 경과하면 경찰의 수사기록에서도 모두 삭제

'형의 실효법'은 수사경력자료의 경우 일정기간이 경과하면 입건사실 자체까지도 삭제하고 더 이상 경찰 등 수사관서의 컴퓨터상에도 그 근거를 남기지 않도록 하고 있다. 예를 들어 검사의 불기소처분(기소유예 포함), 법원의 무죄·면소·공소기각의 판결 또는 공소기각의 결정이 있는 경우에는 수사경력자료는 법정형이 1) 사형, 무기징역·무기금고, 장기 10년 이상의 징역·금고에 해당하는 죄는 10년, 2) 장기 2년 이상의 징역·금고에 해당하는 죄는 5년, 3) 장기 2년 미만의 징역·금고, 자격상실·자격정지, 벌금, 구류 또는 과료에 해당하는 죄는 즉시 삭제하도록 되어 있다. 다만 기소유예처분이나 법원의 판결이나 결정이 있는 경우에는 5년간 보존하도록 하고 있다.

경찰 및 검찰에서 조사를 마친 후 지문을 찍으면 곧바로 전과자가 되는 것인가?

☞ 입건된 자가 곧바로 전과자가 되는 것은 아니지만, 입건된 자에 대한 (수사)자료는 경찰청에서 계속해서 보관하고 관리하면서 범죄수사에

---

37) 수사자료표란 수사기관이 피의자의 지문을 채취하고 피의자의 인적사항과 죄명 등을 기재한 표(전산입력되어 관리되거나 자기테이프, 마이크로필름 그 밖에 이와 유사한 매체에 기록·저장된 표를 포함)로서 경찰청에서 관리하는 것을 말한다.

활용한다.

수사자료표는 원칙적으로 일생동안 경찰청에서 관리

경찰이나 검찰에 피의자로 입건되어 출두한 사람들은 수사관서의 냉랭한 분위기와 조사결과가 자신에게 미칠 결과에 초조한 마음을 갖기 쉽다. 피의자는 조사를 마친 이후에 오른쪽 엄지손가락으로 지문을 찍어야 하는데, 아무리 죄가 없는 사람일지라도 지문을 찍는 단계에 이르러서는 대개 멈칫거리게 되는 것이 보통이다. 이 노란색 직사각형의 용지(가로 187㎜ × 세로 83㎜)가 바로 수사자료표이다. 수사자료표는 범죄경력자료와 수사경력자료로 구분하여 전산입력을 한 후 경찰청에서 일생동안 관리하고 있다. 즉 범죄경력조회 및 수사경력조회의 토대가 되는 가장 기초적 정보라고 할 수 있다. 그러나 최근 들어 과학기술의 발달로 전자지문인식기가 보급되었기 때문에 피의자의 지문을 채취하여 바로 컴퓨터상으로 피의자의 동일성을 확인하고 이를 수사자료표의 정보로 관리하는 방법을 사용하고 있다.

수사자료표를 작성하지 않는 경우

즉결심판대상자나 사법경찰관이 수리한 고소·고발사건 중 불기소처분에 해당하는 사건의 피의자에 대해서는 수사자료표를 작성하지 아니한다. 이에 따라서 고소·고발사건 중에서 불기소처분(기소유예 제외)에 해당하는 경우에는 수사자료표를 작성하지 않으며, 지문의 채취도 하지 아니한다.

작성된 수사자료표를 폐기하는 경우

만일 사법경찰관이 고소·고발사건을 기소·기소중지 또는 참고인중지의 의견으로 송치한 후에 그 사건의 관할 지방검찰청 또는 지청의 검사가 혐의없음·공소권없음·죄가안됨·각하의 결정을 하여 피의자에 대한 수사자료표를 폐기하도록 통보한 때에는 즉시 그 수사자료표를 폐기하여야 한다.

전과가 있으면 무조건 공무원시험에서 떨어지는가?

☞ 자격정지 이상의 형을 받아야 공무원임용 결격사유가 될 수 있다. 따라서 벌금형은 국가공무원의 임용결격사유도 아니며, 신원조회상의 전과에 속하지도 않는다.

공무원임용시의 신원조회 범위

공무원을 임용할 때 행해지는 신원조회는 응시자가 공무원임용법규에서 규정하고 있는 결격사유에 해당하는지 여부를 확인하기 위함이다. 신원기록의 확인과 신원조회의 회보는 시·구·읍·면사무소에서 한다. 즉 신원조회는 시·구·읍·면사무소에서 전과사실이 기재된 수형인명표를 확인하는 작업이다.

공무원의 임용결격사유

일반 공무원의 임용결격사유는 아래와 같다. 그러나 국가정보원 직원 및 경찰공무원의 임용결격사유는 일반 공무원법상의 임용결격사유와 다르게 규정되어 있음을 주의해야 한다.

일반 공무원의 임용결격사유는

1) 금치산자 또는 한정치산자
2) 파산자로서 복권되지 아니한 자
3) 금고 이상의 형을 받고 그 집행이 종료되거나 집행을 받지 아니하기로 확정된 후 5년을 경과하지 아니한 자
4) 금고 이상의 형을 받고 그 집행유예의 기간이 완료된 날로부터 2년을 경과하지 아니한 자

5) 금고 이상의 형의 선고유예를 받은 경우에 그 선고유예기간 중에 있는 자
6) 법원의 판결 또는 다른 법률에 의하여 자격이 상실 또는 정지된 자
7) 징계에 의하여 파면의 처분을 받은 때로부터 5년을 경과하지 아니한 자
8) 징계에 의하여 해임의 처분을 받은 때로부터 3년을 경과하지 아니한 자

벌금형은 공무원임용에 아무런 문제가 없어

이와 같이 일반 공무원법상의 임용결격사유는 시·구·읍·면사무소에서 관리하고 있는 수형인명표상의 수형사실인 '자격정지 이상의 형'을 받은 전과사실이다. 따라서 벌금형을 받은 사실, 기소유예처분을 받은 사실 등은 공무원임용에 아무런 장애가 되지 않는다.

| 찾아보기 |

【저자 소개】

〈한 영 수〉

고려대학교 법과대학 졸업
고려대학교(법학석사)
독일 Köln 대학교(법학박사)
(현) 아주대학교 법과대학 교수
경원대학교 법학과 전임강사, 조교수, 부교수 역임
(현) 서울고등검찰청 항고심사회 위원
(현) 국가인권위원회 교정전문위원
(현) 한국보호관찰학회 학술이사, 한국형사정책학회 이사, 한국피해자학회 감사
[저 서] 행형과 형사사법(2001년도 문화관광부 선정 사회과학분야 우수학술도서)
구금시설 평가지침서 개발연구(공저) 외 다수
[논 문] 음주운전 수사방법인 음주측정의 형사절차법적 문제점과 입법론적 해결방안
불이익변경여부의 판단기준
무엇을 위한 '선'구속, '후'집행유예인가? 외 다수

〈최 영 승〉

경상대학교 행정학과 졸업
한양대학교(법학석사)
경희대학교(법학박사)
(현) 경원대학교 법학과 겸임교수
(현) 법무사
(현) 참여연대 사법감시센터 실행위원
(현) 한국피해자학회 홍보이사, 한국소년법학회 감사
[저 서] 피의자신문과 적법절차(2006년도 대한민국학술원 선정 사회과학분야 우수학술도서)
[논 문] 범죄피해자지원센터의 운영현황 및 활성화방안
현행 형사화해의 실태 및 문제점
형사절차상 피의자·피고인의 권리의 회고 및 전망 외 다수

형사소송 입문

2007년 9월 15일 초판인쇄
2007년 9월 20일 초판발행

저 자 한영수 · 최영승
발행인 이 방 원
발행처 세창출판사
서울 서대문구 냉천동 182 냉천빌딩 4층
전화 723-8660 팩스 720-4579
E-mail: sc1992@empal.com
http://www.sechangpub.co.kr
신고번호 제 300-1990-63 호

잘못 만들어진 책은 바꾸어 드립니다. **정가 16,000 원**

ISBN 978-89-8411-243-8 93360